Susanne Stöcklin-Meier

Von der Weisheit der Märchen

Susanne Stöcklin-Meier

Von der Weisheit der Märchen

Kinder entdecken Werte mit Märchen und Geschichten

Mit Bildern von
Anita Kreituse

Kösel

FSC
Mix
Produktgruppe aus vorbildlich bewirtschafteten Wäldern und anderen kontrollierten Herkünften

Zert.-Nr. GFA-COC-1298
www.fsc.org
© 1996 Forest Stewardship Council

Verlagsgruppe Random House FSC-DEU-0100
Das für dieses Buch verwendete FSC-zertifizierte Papier *PraxiMatt* liefert die »Deutsche Papier Vertriebs GmbH«.

Quellenangaben: siehe Seite 250
Umschlag: 2005 Werbung, München
Umschlagmotiv und Illustrationen: Anita Kreituse, Hamburg
Druck und Bindung: Kösel, Krugzell
Printed in Germany
ISBN: 978-3-466-30802-6

www.koesel.de

Inhalt

Zum Geleit

Diese Märchen- und Geschichtensammlung ist für »Kinder« von 4 bis 99 Jahren gedacht: Sie ist Seelennahrung für Groß und Klein. Mit Märchen und Geschichten betreten wir das Land der Träume, der Fantasie, der unbegrenzten Möglichkeiten und der Wunder. Das Verständnis für Gut und Böse wird ebenso geschärft wie das Bewusstsein für gelebte Werte. Viele Kinder und Erwachsene lieben die lebensbejahende, wohltuende, kreative und heilsame Kraft, die in Märchen steckt. Der deutsche Bundespräsident Horst Köhler sagt über den Sinn der Märchen:

»Märchen transportieren eine Lehre, die unabhängig von dem Ort und der Zeit, in der sie entstanden sind, immer wieder dieselbe ist: Es lohnt sich, anderen zu helfen und sich für das Gute einzusetzen. So sind Märchen zwar erfundene Geschichten, aber keineswegs nur Kindersache!«

Der Ausdruck »Märchen« kommt ursprünglich vom mittelhochdeutschen Wort »Mär«, was so viel heißt wie »Kunde« und »Bericht«. Ihre märchenhafte »Kunde« wurde mündlich überliefert. Die Erzählungen berichten von fabelhaften und wundersamen Begebenheiten. Sie transportieren ethische Werte und symbolische Bilder, die weit über die Tagesaktualität hinausgehen. Man kannte sie zu allen Zeiten und bei allen Völkern dieser Welt.

Wer mehr über die Hintergründe von Märchen und Geschichten und den Aufbau dieses Buches wissen möchte, findet dies im ersten Kapitel »Mit Märchen und Geschichten Werte entdecken«. Um die Lust auf gelebte, erfahrbare Werte zu wecken, habe ich für die Erwachsenen jeweils kurze Einführungstexte vor die fünf großen Kapitel *Wahrheit – Rechtes Handeln – Frieden – Liebe* und *Gewaltlosigkeit* gesetzt. Sie geben Impulse für eigene Gedanken und Gespräche mit Kindern und regen an, lustvoll in die Geschichten einzutauchen: erzählend oder zuhörend.

Unter »Wissenswertes für die Erzählerin und den Erzähler« erfährt der Erwachsene jeweils in einer kurzen Einleitung zur dann folgenden Geschichte, welche Werte im Vordergrund stehen. Anschließend finden Sie Gesprächs- und Spielanregungen, durch die die ethischen Haltungen für die Kinder lebendig und ganz konkret erfahrbar werden.

Sie finden in jedem Kapitel auch eine Geschichte von einem Schüler oder einer Schülerin. Alle Schülergeschichten wurden von 6- bis 12-Jährigen verfasst. Die Kinderbuchhandlung »Buchinsel« aus Liestal in der Schweiz hat uns Geschichten von ihrem »Leseratte«-Wettbewerb zur Verfügung gestellt. Weitere Texte kamen aus Schulen und Kindergärten aus der Schweiz und Deutschland.

Ich möchte mich an dieser Stelle ganz herzlich bei allen bedanken, die zum Gelingen dieser Sammlung beigetragen haben. Als Erstes natürlich bei den vielen Kindern, ErzieherInnen und LehrerInnen, die »Schülergeschichten« und »Aus Kindermund« beigesteuert haben. Ein besonderer Dank geht an Heike Mayer, die mir als Lektorin mit Rat und Tat zur Seite stand. Das pädagogische Fachwissen von Maria Caiati und Ruth Jud hat mir bei den Gesprächs- und Spielanregungen sehr geholfen. Ein herzliches Dankeschön an meine Sekretärin Franziska Hufschmid und meinen Mann, der meine Texte mit »Lehreraugen« durchgesehen hat.

Durch die Bilder von Anita Kreituse wurde dieses Buch zu einem kleinen Juwel. Mit großer Dankbarkeit und Freude habe ich die Entstehung ihrer wunderbaren, märchenhaften Bilder verfolgt. Die Malerin Anita Kreituse stammt ursprünglich aus Riga in Lettland und lebt heute in Hamburg. Sie hat den wundersamen Zauber dieser Märchenwelt eingefangen. Ihre Bilder laden zum Träumen und Verweilen ein.

Ich wünsche Groß und Klein viel Freude beim Öffnen dieses Schatzkästchens. Möge die Weisheit der Märchen und Geschichten dazu beitragen, dass wir alle unser Zusammenleben als glücklich und wert-voll erleben.

Mit herzlichem Gruß
Ihre Susanne Stöcklin-Meier

Mit Märchen und Geschichten Werte entdecken

Kinder brauchen Regeln und Werte: Sie geben ihnen Klarheit, Schutz und Sicherheit. Sie ermöglichen ein Zusammenleben in einer Gesellschaft, in der alle gut miteinander auskommen können. Kinder, die in einem sozialen Umfeld mit überschaubaren Grenzen aufwachsen, haben erwiesenermaßen weniger Angst. Sie entwickeln mehr Vertrauen in sich und ihre Umwelt. Sie werden durch die täglichen Auseinandersetzungen mit den Familien-, Kindergarten- und Schulregeln auf eine gute Weise konfliktfähig. Aus den in der Kleinkindzeit erworbenen Wertvorstellungen entsteht das Fundament ihres späteren Weltbildes, ihrer Wertewelt schlechthin. Das funktioniert jedoch nur, wenn Eltern und Erziehende sich dieser Herausforderung einer sinnvollen Wertevermittlung stellen. Wegen der heutigen Vielfalt an möglichen Wertorientierungen ist es besonders wichtig, dass Sie sich selbst darüber klar werden, welche Werte Ihnen wichtig sind. Auch dafür ist das Vorlesen und Erzählen dieser Sammlung eine gute Gelegenheit: Welche Werte der Geschichten haben für Sie hohe Priorität, welche vielleicht eine weniger hohe?

Wir sollten uns auch darüber im Klaren sein, dass Kinder Werte weniger darüber lernen, was wir sagen, sondern vor allem darüber, wie wir, die Erwachsenen, uns verhalten. Und wenn wir ehrlich sind, klafft zwischen unserem Reden und unserem Tun manchmal eine ziemliche Lücke. Wir schimpfen z.B. die Kinder, wenn sie streiten, und sind dabei oft genau so unfreundlich und laut, wie wir es den Kindern vorwerfen. Doch einen respektvollen Umgang miteinander lernen Kinder nicht, indem wir sie ermahnen, respektvoll zu sein, sondern indem wir ihnen Respekt vorleben. Das ist sicher immer wieder ein weites Übungsfeld für uns alle.

Damit Werteerziehung nicht bei gut gemeinten Appellen stehen bleibt, muss sie also konkret, praktisch und lebensnah werden. Märchen und Geschichten eignen sich gut dafür, weil die Kinder dort anhand der Märchenfiguren die Konsequenzen erleben können, wenn man sich auf eine bestimmte Weise verhält. Auf uns Erwachsene mögen viele der klassischen Märchen manchmal holzschnittartig wirken: Das herzensgute, fleißige Mädchen ist am hübschesten und darf am Schluss den Prinzen heiraten, die faule Stiefschwester ist hässlich und wird bestraft. Aus unserer Lebenserfahrung wissen wir, dass die Welt oft komplexer ist. Kinder sind jedoch gerade erst dabei, bestimmte Zusammenhänge zu erkennen. Die häufig schwarz-weiß aufgebaute Welt der Märchen hilft ihnen, sich zu orientieren.

Erzählen unter dem Wertebaum

In meinem Buch *Was im Leben wirklich zählt – Mit Kindern Werte entdecken* stellte ich mir die Grundwerte »Wahrheit«, »Rechtes Handeln«, »Frieden«, »Liebe« und »Gewaltlosigkeit« als großen Baum vor. Diese fünf Werte bilden die Wurzeln, den Stamm und die Äste. Die Blätter des Baumes entwickelten sich in meiner Vorstellung aus den Teilaspekten der Werte. Wahrheit ist vielleicht zu beobachten als Realitätssinn, Mut, Ehrlichkeit und Authentizität. Rechtes Handeln lernt man nur durch Unterscheidungsvermögen, indem wir in uns hineinhören und die Frage beantworten: Was ist richtig oder falsch? Frieden im Alltag erfahren wir etwa als sich versöhnen, innere Stille, Geduld, Zufriedenheit, Verständnis oder Toleranz. Liebe zeigt sich manchmal auch als Herzenswärme, Geborgenheit, Zärtlichkeit, Zuneigung, Mitgefühl oder Freundschaft. Gewaltlosigkeit erleben wir als Ehrfurcht vor dem Leben.

Damit dieser Wertebaum für Kinder lebendig und spielerisch erfahrbar wird, habe ich damals versucht, möglichst viele praktische Anregungen für den Alltag und das Zusammenleben in der Familie, im Kindergarten und in der Grundschule aufzuzeigen. Diese fünf menschlichen Werte sind ethische Grundbedürfnisse, die für Kinder und Erwachsene wichtig sind: Sie bilden eine gute Basis für das Zusammenleben, privat und im sozialen Miteinander. Leserinnen und Leser haben *Was im Leben wirklich zählt – Mit Kindern Werte entdecken* gut aufgenommen. Der praktische Werteratgeber erwies sich als echte Hilfe für den Kinderalltag. Er hat in kurzer Zeit zehn Auflagen erreicht, wurde über fünfzigtausend Mal im deutschsprachigen Raum verkauft und in mehrere Sprachen übersetzt.

Ich stellte mir damals beim Schreiben vor: Je öfter ich mich – symbolisch gesprochen – unter den Wertebaum setze und in seinem Schatten Schutz suche, den Wind in den Blättern beobachte, den zwitschernden Vögeln zuhöre, desto mehr Kraft spendet er mir. Ich kann hier zur Ruhe kommen, in mich hineinhören und versuchen herauszufinden, wer ich bin, woher ich komme und was ich will. Unter dem Wertebaum treffe ich mich mit der Familie, mit Freunden, Nachbarn, mit der Kindergartengruppe, Schulkameradinnen und -kameraden, zum Geschichten erzählen, zuhören, Musik machen, singen, tanzen und spielen.

Dieses Wertebaum-Bild hat mich zu der vorliegenden Sammlung angeregt. Hier hängen die Blätter nicht als Teilaspekte und Spielanregungen am Baum, sondern als Geschichten. Meine Erfahrung ist, dass gut gewählte Geschichten oft mehr zum Denken anregen als ein direkter Tipp oder Rat. Wenn der Wind in den Blättern des Wertebaumes spielt, hören wir ein Murmeln, das uns in die »Anderswelt« trägt mit den Worten:

»Es war einmal ...«
»In alten Zeiten, als das Wünschen noch geholfen hat ...«
»Als die Erde noch jung war und die Berge noch wanderten ...«
»Und sie lebten lange glücklich und zufrieden ...«
»Und wenn sie nicht gestorben sind, dann leben sie noch heute.«

Die Wurzeln des Geschichtenbaums gründen in den Traditionen der verschiedenen Familien, sie kommen von vielen Völkern, Erdteilen, Sprachen, Wertvorstellungen und Religionen. Der Stamm ist der lebendige Erzählstrom vieler Eltern, Großeltern, Erziehenden, MärchenerzählerInnen und natürlich aller Märchen-, Geschichten- und Bilderbücher dieser Erde. Die Äste symbolisieren die fünf Grundwerte: Wahrheit, Rechtes Handeln, Frieden, Liebe und Gewaltlosigkeit.

In der vorliegenden Sammlung habe ich alte und neue Geschichten zusammengetragen, die diese Werte oder Aspekte klar übermitteln. Sie treten uns hier in folgenden Formen zum Erzählen entgegen:

Volksmärchen
Märchen aus aller Welt
Kunstmärchen
Fabeln
Biblische Geschichten
Alltagsgeschichten
Schülergeschichten
Kinderaussagen
Sprichwörter

Märchen und Geschichten leben von der Erzählsituation. Diese zeichnet sich besonders dadurch aus, dass zwischen Erzähler und Zuhörer ein Kontakt entsteht, der Gemeinschaftsgefühl und Geborgenheit vermittelt und darüber hinaus eine harmonische Atmosphäre schafft, der gerade im Zusammenleben mit Kindern große Bedeutung zukommt. Diese verschiedenen Erzählformen eignen sich hervorragend, um für Kinder Wertvorstellungen nachhaltig zu transportieren. Die Erzählungen werden von den kleinen Zuhörern mit allen Sinnen aufgenommen, spielerisch erlebt und in den Alltag integriert. Solange die Erzähltradition lebendig bleibt, bewahrheitet sich das Sprichwort:

Märchen werden so lange leben, solange es noch Erzähler gibt, die Zuhörer finden.

VOLKSMÄRCHEN

In Volksmärchen sind weises Wissen und allgemeingültige menschliche Werte verborgen. Sie laufen wie ein goldener Faden durch alle Kulturen und Zeiten. Diese Geschichten sind sehr alt und wurden über Generationen hinweg mündlich überliefert. Sie stammen von keinem eindeutig feststellbaren »Autor«. Im deutschsprachigen Raum wurden die meisten Volksmärchen im 19. Jahrhundert gesammelt und aufgeschrieben, von Ludwig Bechstein etwa oder von Jacob und Wilhelm Grimm. Die Sammlung der Brüder Grimm hat sich schnell verbreitet, wurde viel gelesen und weitererzählt. Zum Glück haben die beiden Märchensammler diese wunderbaren Geschichten aufgeschrieben, bevor sie in Vergessenheit gerieten. Ihre Märchensammlung wurde weltberühmt. Sie erfreut bis heute viele Kinder und Erwachsene. Ihre geheimnisvollen Geschichten berühren die Seele und lassen die Herzen höher schlagen. Die Sammlung entstand zwischen 1812 und 1815 und trägt den Titel »Kinder- und Hausmärchen«.

Über die Brüder Grimm ist Folgendes bekannt: Jacob Grimm wurde 1785 in Hanau geboren, sein jüngerer Bruder Wilhelm kam 1786 am gleichen Ort zur Welt. Der Vater war Jurist. Die Kinder lebten die ersten Jahre in Steinau und besuchten das Lyzeum im Kassel, wo sie später als Professoren wirkten. Am Ende lebten beide in Berlin. Wilhelm Grimm starb 1859, sein älterer Bruder Jacob 1863.

Zu ihren bekanntesten Märchen zählen »Rotkäppchen«, »Aschenputtel«, »Schneewittchen und die sieben Zwerge«, »Der Wolf und die sieben Geißlein«, »Dornröschen«, »Hans im Glück«, »Die Bremer Stadtmusikanten« und »Der Froschkönig«.

Erzählen wir Mädchen und Jungen immer wieder Märchen und Geschichten, damit sie diese zauberhafte Welt kennenlernen und sich dabei einen Reichtum an Wortschatz, Wissen und Lebensklugheit aneignen können. Traurig, wenn das nicht der Fall ist. Denn Kinder, die ohne Märchen und Geschichten aufwachsen, entwickeln kaum innere Bilder, wenig Fantasie und haben ein geringeres Sprachbewusstsein. Evelin Buerger ist Mitglied der deutschen Märchengesellschaft und beschäftigt sich deshalb viel mit Märchen und ihrer Wirkung auf Kinder und Erwachsene. Sie ist überzeugt, dass die Verarmung der Sprache auch mit dem Verschwinden der Volksmärchen zusammenhängt. Sie meint: »Worte sterben aus, weil wir uns nichts mehr zu sagen haben. Bedrohte Wörter! Mit Märchen wäre das nicht passiert.«

Märchen hinterlassen Spuren im Denken, in der Sprache und in der Seele. Sie prägen das Wertebewusstsein bis ins Erwachsenenalter hinein. Der Schriftsteller Johann Gottfried Herder sagte dazu:

Ein Kind, dem nie Märchen erzählt worden sind,
wird ein Stück Feld in seinem Gemüt behalten,
das in späteren Jahren nicht mehr
angebaut werden kann.

MÄRCHEN AUS ALLER WELT

Weil unsere Welt immer globaler und multikultureller wird, finde ich es wichtig, dass Kinder auch Märchen von anderen Völkern, aus anderen Ländern und Erdteilen kennenlernen. Von Grönland bis Afrika, von China bis Nordamerika werden seit Jahrhunderten Märchen erzählt. Je nach Land, Religion und Brauchtum variieren die Motive. Aber alle enthalten innere Bilder und Wahrheiten, die Kinder ansprechen und verstehen: Märchen dienen der Völkerverständigung, geben alte und neue Sinnbilder weiter und pflegen die Sprache.

Märchen aus fremden Ländern können helfen, in Kindern den Sinn für Toleranz und gutes Zusammenleben zu wecken. Sie lernen dabei: Toleranz ist der respektvolle Umgang mit Anschauungen, Wertvorstellungen, Einstellungen, Verhaltensweisen und Sitten, die nicht den eigenen entsprechen. Es ist das Geltenlassen von »Anderssein«, ohne den Wert und die Berechtigung dieses Andersseins in Frage zu stellen. Diese Grundbedingung von Humanität und Demokratie ermöglicht ein freies Sich-Auseinandersetzen mit Erkenntnissen, Lebensweisen und Regeln.

Märchenerzähler kennt man vor allem aus dem Orient, wo sich die mündliche Erzähltradition über die Jahrhunderte länger gehalten hat als in vielen anderen Ländern. Ein schönes Beispiel sind die Märchen aus »Tausend und einer Nacht«, ein Meisterwerk orientalischer Erzählkunst. Mit ihrer unerschöpflichen Fantasie und Ausdauer gelingt es Scheherazade, der klugen Tochter des Wesirs, in 1001 Nächten durch das Erzählen ihrer Liebes-, Seefahrer-, Abenteuer- und Zaubergeschichten, den Sultan Scheherban so zu fesseln, dass dadurch ihr eigenes Leben gerettet wird.

Nelson Mandela sagt etwas Wunderschönes zur Lebendigkeit des Erzählens: »Eine Geschichte ist eine Geschichte, und deshalb kann man sie so erzählen, wie es der eigenen Fantasie, dem eigenen Wesen oder der jeweiligen Umwelt entspricht; wenn die Geschichte Flügel bekommt und zum Eigentum anderer wird, dann sollte man sie nicht aufhalten. Eines Tages kehrt sie zu einem zurück, bereichert durch neue Details und mit einer neuen Stimme.«

Heute wächst das Bedürfnis nach Märchenerzählerinnen und -erzählern auch bei uns. Wer Lust hat, kann sich sogar zum Märchenerzähler ausbilden lassen. Und jeder Märchenerzähler bestätigt: Märchen lebendig erzählt, wirken viel stärker als trocken vorgelesene Texte. Hier ein Zitat von Rudolf Geiger:

Erst das Erzählen gibt dem Märchen seine Seele.
Gedruckt liegen Märchen nur im Grab,
durch das Lesen holen wir sie
in unsere Vorstellung herauf,
durch das Erzählen werden sie lebendig.

KUNSTMÄRCHEN

Wo liegt der Unterschied zwischen Volksmärchen und Kunstmärchen? Kunstmärchen sind kein Volksgut, sie wurden nicht anonym und mündlich überliefert, sondern im Gegensatz dazu von einem Autor geschrieben. Das Kunstmärchen hat also einen eindeutigen Verfasser. Als modernes Beispiel dieser Gattung seien »Der Holzvogel« und »Die zwei Schwestern« von Sorbas Lotz erwähnt, die in diesem Buch zu finden sind.

Einer der klassischen europäischen Märchendichter ist Hans Christian Andersen. Er wurde am 2. April 1805 in Odense in Dänemark als Sohn eines armen Schuhmachers geboren. Er konnte kaum die Schule besuchen, bis ihm der Dänenkönig Friedrich VI., dem seine Begabung aufgefallen war, 1822 den Besuch der Lateinschule ermöglichte. Auch das Universitätsstudium wurde ihm bezahlt. Andersen unternahm Reisen durch Deutschland, Frankreich und Italien. Die Reisen regten ihn zum Schreiben an. Weltruhm erreichte Andersens mit seinen 168 Märchen, denken wir etwa an »Des Kaisers neue Kleider«, »Die Prinzessin auf der Erbse« oder »Das hässliche Entlein«. Der Märchendichter starb 1875 in Kopenhagen. Seine Märchen sprechen bis heute nicht nur Kinder, sondern auch Erwachsene an. Wie das Zitat aus unbekannter Quelle sagt:

Geschichten sind nicht nur dazu da,
um das Kind zum Einschlafen zu bringen,
sondern auch,
um den Erwachsenen zu wecken.

FABELN

Einer der berühmtesten Fabelerzähler der Antike hieß Aesop. Er lebte als griechischer Sklave um die Mitte des 6. Jahrhunderts vor Christus. Seine Fabeln wurden mündlich überliefert und erst viel später aufgeschrieben. Als unterdrückter Sklave konnte Aesop seine Meinung der Obrigkeit und dem König nicht direkt ins Gesicht sagen. Darum ließ er in seinen Fabeln meistens Tiere handeln und sprechen. Am Ende seines Lebens, als er schon ein berühmter Dichter war, wurde ihm angeblich von seinem Herrn die Freiheit geschenkt. Die kurzen symbolträchtigen Geschichten, die für uns heute manchmal sehr holzschnittartig daherkommen, bringen Werte treffend auf den Punkt wie etwa: Wahrheit im Gegensatz zur Lüge, Freundschaft und Verrat, Geiz und Großzügigkeit usw. Aesop zeigt auf, dass unrechtes Handeln und Streiten sich nicht lohnt, denn:

Wenn zwei sich streiten, freut sich der Dritte.

BIBLISCHE GESCHICHTEN

Damit Kinder in der Welt erfolgreich bestehen können, ist es wichtig, dass sie auf Fundamente aufbauen können. Nebst den Eltern haben der Kindergarten und die Schule die Aufgabe, diese Bausteine zu legen. Dabei ist der ganzheitlichen Bildung zentrale Bedeutung beizumessen; Bildung umfasst mehr als Kenntnisse in Rechnen, Schreiben oder Lesen. Da wir im christlichen Abendland leben, gehören auch biblische Geschichten dazu. Biblische Geschichten bringen »urmenschliche Erfahrungen« zur Sprache, schreibt die Schweizer Religionspädagogin Vreni Merz in ihrem Buch *Die Bibel an der Bettkante*: In ihnen stecken »Lebensweisheiten, die bis heute aktuell sind und die sowohl Ihnen selbst als auch den Kindern Kraft und Orientierung geben können«. Aus diesem Grunde habe ich zu jedem der fünf Werte eine passende biblische Geschichte ausgewählt, frei nacherzählt für Kinder.

Häufig treten in Märchen religiöse Motive auf, viele biblische Geschichten gleichen Märchen. Die bewussten und unbewussten Assoziationen, die das Märchen im Hörenden weckt, hängen von seinem allgemeinen Bezugsrahmen und seinen persönlichen Anliegen ab. Religiöse Menschen finden daher im Märchen sehr viel Bedeutsames. Die meisten Märchen entstanden in Zeiten, in denen die Religion ein wichtiger Teil des Lebens war. Viele Märchen der Brüder Grimm enthalten religiöse Anspielungen oder fangen mit ihnen an.

Mit biblischen Geschichten ist es wie mit einem guten Märchen: Es wird spannender und lebendiger, wenn jemand die Geschichte gut erzählen kann und nicht einfach nur herunterliest. Die Texte des Alten und des Neuen Testaments sind ebenfalls Niederschriften von Geschichten und Erfahrungen, die lange Zeit hindurch nur mündlich weitererzählt wurden. Die Geschichten werden lebendiger, wenn die Kinder einen Bezug zum alltäglichen Leben, ihren Problemen und Fragen herstellen können. Mit der biblischen Botschaft und ihren Werten können Kinder nur etwas anfangen, wenn sie verstehen, um was es geht!

Mit Kindern Szenen aus biblischen Geschichten spielen macht Spaß. Der Hintergrund des Erzählten lässt sich dadurch besser verstehen: Die handelnden Personen geraten in Diskussionen, dadurch wird ihr Handeln verständlicher und gewinnt Sinn. Die Bibel wird zum Drehbuch existentieller Fragen und Werte, weil die Kinder die gespielten Erzählungen erleben. Biblische Geschichten können helfen, achtsam mit Menschen umzugehen und Einfühlungsvermögen zu entwickeln. Die Quintessenz ist die »goldene Regel« aus dem Neuen Testament, die auch in vielen anderen Religionen verankert ist. Sie lautet sinngemäß:

Behandle andere so,
wie du von ihnen behandelt
werden möchtest!

ALLTAGSGESCHICHTEN

Für Joana Feroh, die Sängerin jiddischer Chansons aus der Schweiz, ist es etwas ganz Normales, mit Kindern Geschichten zu suchen und zu erfinden. Sie sagt: »Wer mit offenen Augen durch den Alltag geht, kann sich eine aufwändige Suche ersparen. Denn: Geschichten liegen überall herum, man braucht sie nur aufzuheben!«

Für Kinder ist es wichtig, dass Eltern, Großeltern und Erziehende ihnen spontan Alltagsgeschichten aus ihrem eigenen Leben erzählen. Hier spielt die Zeitqualität und die Erinnerung eine wichtige Rolle. Kinder spitzen die Ohren, wenn es heißt: »Als der Großvater die Großmutter heiratete«, »Wir feierten Weihnachten wie ...«, »Wisst ihr noch, der Zoobesuch damals ...«, »Als die Maus im Wohnzimmer herumrannte ...« oder »An meinen ersten Schultag erinnere ich mich noch genau ...«. Das Erzählen von kleinen Familienerlebnissen fördert das soziale Bewusstsein und das Zusammengehörigkeitsgefühl.

Erzählen ist jedoch keine Einbahnstraße vom Erwachsenen zum Kind. Es läuft manchmal wie ein Gespräch spontan hin und her. Nicht erschrecken, die Geschichte nimmt dann vielleicht eine ganz unerwartete, fantasievolle oder gar fantastische Wendung. Diese gemeinsam entwickelten Alltagsgeschichten sind besonders spannend! Natürlich lassen wir uns von den Kindern auch kleine eigene Geschichten erzählen. Wir hören mit

Genuss zu, ohne korrigierend einzugreifen. In unserer Familie funktionierte diese Art von Erzählen am besten am Esstisch, bei gemeinsamen Hausarbeiten oder bei Spaziergängen. Der Schriftsteller Henning Mankell denkt sogar, dass man nur existiert, wenn man erzählen kann und einem jemand dabei zuhört:

Die Gesellschaft wird durch Millionen
von Gesprächen gebildet.
Wenn ein Mensch seine Geschichte erzählen kann,
wird er Teil einer Gesellschaft.
Wem man nicht zuhört, der existiert nicht.

SCHÜLERGESCHICHTEN

Allen Unkenrufen zum Trotz, Pisastudie hin oder her, viele Kinder lieben das Erfinden, Erzählen und Aufschreiben von eigenen Geschichten. Es ist erstaunlich, wie erzählfreudig Kinder auch heute dichten, fabulieren und schreiben, wenn wir ihnen eine Plattform zum Schreiben anbieten und dazu Raum und Zeit schaffen.

Wichtig für das Gelingen einer Geschichte ist eine gute Idee, die sich entwickeln lässt. Aufgepasst, in der Kürze liegt die Würze! Die Geschichte darf nicht zu lang sein. Das Thema kann aus dem Alltag stammen, einem Wunsch entspringen oder als modernes Märchen daherkommen. Natürlich achten die jungen Schreibenden so weit wie möglich auch auf korrekte Rechtschreibung, Grammatik und Zeichensetzung. Manche schreiben lieber von Hand, andere sind stolz, die Geschichte mit dem Computer auf das Papier zu zaubern. Am Schluss werden die Geschichten zum Lesen und Erzählen an andere Kinder und interessierte Erwachsene verteilt. Die jungen Autoren sind gespannt, wie das Publikum darauf reagiert.

Was erleben Kinder beim Geschichtenschreiben? Sie entdecken und vertiefen bewusst den Umgang mit Buchstaben, Wörtern und Sätzen. Sie entwickeln Freude am spielerischen, kreativen Erzählen und Schreiben. Sie können ihre vielfältigen Gedanken und Ideen in Ruhe sortieren und strukturieren – ihre eigenen Gefühle und Vorstellungen sprachlich ausdrücken. Sie erproben ihre Fantasie, Kreativität und den spielerischen Umgang mit Schrift und Sprache. Das Verfassen und Erzählen von eigenen Texten gibt Sicherheit und stärkt das Selbstbewusstsein. Sie sehen, wie unterschiedlich die Schreibergebnisse zu einem Thema sein können und lernen diese Unterschiede wertzuschätzen.

Fantasie und Sprache stoßen Kindern
Türen auf,
die ihnen die Grenzen der Zukunft
erweitern.

KINDERAUSSAGEN

Wir haben Kindergarten- und Grundschulkinder zu bestimmten Aspekten rund um das Thema Werte befragt. Zum Teil haben wir mündliche Aussagen gesammelt; die Grundschulkinder konnten ihre Antworten, wenn sie wollten, auch anonym aufschreiben. Kinder sind kleine Philosophen. Sie lieben Gespräche zu kniffligen Themen. Man sollte das Wissen und das Interesse der Kinder an geistigen, spirituellen und philosophischen Themen nicht unterschätzen. Wenn man ihnen genügend Zeit und Raum für spontane Gesprächsrunden gibt, wird man erstaunt sein, was Kinder alles zu sagen haben. Ich finde es spannend, wie Kinder sich heute etwa zum Sinn von Regeln, zu Mut, zu Freunden, zu Wut oder zur Seele äußern! Für mich gilt das folgende Sprichwort auch heute noch:

Nichts ist so ehrlich wie die Antwort
eines Kindes!

Aus Kindermund: Die Seele im Bauch

Hier ein Beispiel, wie spannend Kinderaussagen sein können: Märchen sind Nahrung für die Seele. Sie vermögen Kinder und Erwachsene im Innersten anzusprechen, und die Symbolkraft ihrer Bilder kann bewegen und verwandeln. Wir wollten von Kindergartenkindern hören, was sie unter Seele verstehen und wo sie diese vermuten. Hier ein paar Antworten von Drei- bis Siebenjährigen:

- Wir können die Seele in unserem Körper fühlen, zum Beispiel wenn es im Herz ganz toll klopft, auch bei Liebe, Traurigkeit und Glücklichkeit.
- Der Wind ist unsichtbar, die Seele und der liebe Gott auch.
- Die Seele singt, wenn die Oma Märchen erzählt.
- Meine Mama hat die Seele schon gesehen.
- Die Seele hat Arme und ist im ganzen Körper.
- Den Himmel, in dem die Seele ist, stelle ich mir golden vor. Vielleicht bin ich da mit einer Rakete raufgeschossen worden.
- Die Seele ist im Bauch. Herz und Seele können nie sterben.

SPRICHWÖRTER UND REDEWENDUNGEN

Sprichwörter und Redewendungen geben eine Lebensregel oder eine Weisheit in prägnanter Form wieder. Die Sprache der Sprichwörter ist meist bildhaft und verweist auf die gemeinsame Wurzel alles Menschlichen, trotz der Verschiedenheit der Kulturen. Sprichwörter gibt es überall auf der Erde und in allen Sprachen. Für Kinder ist es wichtig, dass wir diese geflügelten Worte bei passender Gelegenheit immer wieder einflechten. Sie wirken wie eine innere Richtschnur und helfen ein Symbolverständnis aufzubauen. Sie funktionieren wie Code-Sätze. Wenn wir in der Familie zum Beispiel das Sprichwort »Morgen, morgen, nur nicht heute, sagen alle faulen Leute« immer verwenden, wenn ein Familienmitglied etwas liegen lässt, das erledigt sein sollte, muss ich es vielleicht nur zur Hälfte zitieren: »Morgen, morgen, nur nicht heute ...« und das Kind verschwindet grinsend im Kinderzimmer zum Aufräumen, weil es verstanden hat, dass es das noch heute erledigen sollte.

Sprichwörter und Redewendungen regen Kinder zum Nachdenken an, zum Diskutieren, Zeichnen sowie zu Rate- und Rollenspielen. Wer malt Sprichwörter als Plakate und hängt sie als Gedankenstütze auf oder legt sie auf den Boden, damit man drüber »stolpern« muss, um sie nicht zu vergessen? Der Volksmund sagt:

Ein Sprichwort ist ein kurzer Satz,
der sich auf lange Erfahrung
gründet.

Warum brauchen Kinder Märchen?

Mit seinem Buch *Kinder brauchen Märchen* löste der Kinderpsychiater Bruno Bettelheim in den siebziger Jahren den Beginn einer grundlegenden Wandlung im Verständnis der Volksmärchen aus. Sie galten lange Zeit als grausam, überholt und moralisch. Doch in der Zwischenzeit sind die Märchen wieder zurückgekehrt in die Familien, Kindergärten und Grundschulen. Sie werden geliebt und ihr pädagogischer Wert ist in Familien und in Fachkreisen unbestritten.

Der weltweite Erfolg moderner Märchenbücher wie *Momo*, *Harry Potter*, *Tintenherz* oder *Herr der Ringe* ist nur möglich, weil Kinder und Erwachsene auch in der heutigen Zeit von Märchenfiguren, dem Kampf zwischen Gut und Böse und dem Eintauchen in andere Welten fasziniert sind und sich davon begeistern lassen.

Märchen sind eine Art Lebenshilfe: Sie geben Mut und Hoffnung, weil am Schluss meist der Kleine, Unterdrückte und scheinbar Schwache siegt. Sie vermitteln ein kindgerechtes Wertebild. Gut und Böse sind klar definiert. Held oder Heldin müssen gefährliche Situationen meistern. Aber sie finden im Märchen immer die Kraft, große Herausforderungen schließlich zu meistern. Kinder identifizieren sich mit »ihren Helden«, die Einfühlungsvermögen, Klugheit und Mut vorleben. Die Kinder schlüpfen in diese Rollen und übernehmen dabei spielerisch die Gefühle und Argumente »ihrer« Märchenfigur.

Gegensätze fördern das Verstehen: Kinder können sich Werte oft besser merken, wenn sie diese mit der entsprechenden Kehrseite als Gegensatzpaare erleben und im Spiel zwischen den beiden Rollen wechseln. Es ist für die kleinen Darsteller nicht angenehm, als Schaf immer vom Wolf gefressen zu werden, manchmal möchten sie selbst zubeißen und als Wolf die Zähne zeigen ... Immer nur Schneewittchen spielen kann langweilig werden, ab und zu möchten sie auch einen giftigen Apfel verschenken ... Durch diesen Rollentausch lernen Kinder Gegensätze erkennen wie:

gut und böse, falsch und richtig, Wahrheit und Lüge, zärtlich und grob, frech und freundlich, schimpfen und loben, streiten und sich versöhnen, gute Manieren und unmögliches Benehmen.

Im Rollenspiel, in Gesprächen oder beim Zeichnen können Kinder diese unterschiedlichen Werte und Gefühlslagen altersgemäß erleben, darstellen und ausdrücken. Die Botschaft der Märchen ist eindeutig: Es gibt Probleme und Konflikte, aber man kann sie überwinden – auch wenn man sich jetzt noch schwach und klein fühlt. Dieser inhaltlich positive Verlauf eines Märchens erzeugt eine lebensbejahende, freudvolle Grundstimmung, in die Kinder gerne eintauchen und die sie auch auf ihrem späteren Lebensweg begleitet.

»SUPERDOPING« FÜR KINDER

»Die Rückkehr des Aschenputtel« heißt ein Artikel in der ZEIT, der über einen Märchenkongress in Altenburg berichtet. Er zeigt, dass Volksmärchen seit neuestem »Rückendeckung« von Neurobiologen bekommen. Der Artikel bestätigt neue Erkenntnisse aus der Hirnforschung.

Als »Superdoping für Kinderhirne« bezeichnet der Göttinger Neurobiologe Gerald Hüther Märchen. Märchenstunden könnten verstärkt die emotionalen Zentren im Gehirn aktivieren und dabei helfen, dass Kinder Ruhe finden und lernen, sich zu konzentrieren. Beim Erzählen werde die Fantasie und Kreativität der Kinder angeregt: »Man muss die Bilder und Gefühle selbst im Kopf erzeugen.« Diese kreative Leistung sei bei Hörspielen oder Verfilmungen eingeschränkt, erklärt der Wissenschaftler.

Beruhigend wirkt nach Ansicht der Experten auf Kinder und Erwachsene, dass Märchen meist gut ausgehen und einen starken Lebensoptimismus vermitteln. Zudem gibt es selten ausweglose Situationen: Selbst wenn Rotkäppchen vom Wolf gefressen wird, kommt es aus dieser misslichen Lage wieder heraus. Wie viele Märchen es im deutschsprachigen Raum gibt, lasse sich nicht abschätzen. Die Zahl der Motive, die in den Märchen immer wieder vorkommen und neu kombiniert werden, sei auf 3000 bis 4000 in der ganzen Welt begrenzt.

»Unser Gehirn braucht Märchen!«, dessen ist sich der Hirnforscher Gerald Hüther sicher: »Stellen Sie sich vor, es gäbe ein Zaubermittel, das Ihr Kind stillsitzen und aufmerksam zuhören lässt, das gleichzeitig Fantasie beflügelt und seinen Sprachschatz erweitert, das darüber hinaus auch noch sein Vertrauen stärkt und es mit Mut und Zuversicht in die Zukunft schauen lässt.«

Dieses Superdoping für Kindergehirne gibt es. Es kostet nichts, im Gegenteil, wer es seinen Kindern schenkt, bekommt dafür sogar noch etwas zurück: Das Erzählen und Vorlesen von Märchen erzeugt Nähe und Vertrauen – und zaubert ein Strahlen in den Augen des Kindes.

Wissenswertes für die Erzählpraxis

Nach welchen Kriterien wählen wir Märchen aus? Märchen waren ursprünglich Unterhaltung und Lebenshilfe für Erwachsene. Darum eignen sich nicht alle Märchen für Kinder unter fünf Jahren. Wir wählen nur Märchen aus, die altersgemäß zu den kleinen Zuhörern passen und ihren Entwicklungsschritten entsprechen. Wir erzählen Geschichten, die wir selber mögen, die uns mit ihren Werten und Motiven ansprechen und die wir von Herzen, mit Freude und Überzeugung weitergeben können! Diana Gräfin zu Waldburg-Zeil gibt als Märchenfachfrau folgenden Rat: »Wenn das Märchen zu dir kommt, so stelle ihm keine Fragen, woher es kommt und wohin es geht. Schließe deine Augen und lasse es still werden in deinem Herzen und in deiner Seele! Schaffe Raum und Weite in dir und lasse es zu, dass das Märchen dich berührt und zu dir spricht von Dingen, um die du schon lange weißt, aber vielleicht vergessen hast …«

Wie bereiten wir uns vor? Felicitas Betz regt in ihrem Buch *Märchen als Schlüssel zur Welt* als Vorbereitung an, sich zuerst selbst mit den inneren Bildern des Märchens vertraut zu machen. Wir können nur weitergeben, was wir selbst kennen oder erlebt haben. Weiter lassen sich einzelne Tätigkeiten, die zum Märchen passen, mit den Kindern vorweg aufnehmen: Die Kinder gehen etwa auf Schatzsuche, nähen pantomimisch unsichtbare Kleider, bauen ein Schloss oder Zwergenhöhlen zwischen Baumwurzeln im Wald, zeichnen Wunschzettel und hängen diese an einen Strauch in den Wind usw.

Erzählen oder vorlesen? Viele fragen sich, was ist besser, soll man Märchen erzählen oder vorlesen? Die Erfahrung zeigt, dass erzählte Geschichten auf Kinder eindrücklicher und lebendiger wirken und auch besser im Gedächtnis haften bleiben. Erzählen heißt im Klartext: nicht vorlesen! Zwischen erzählen und vorlesen gibt es gewaltige Unterschiede, die man am besten selbst erleben sollte. Probieren geht über studieren!

Was tun, wenn man noch nie erzählt hat? »Einfach anfangen«, rät eine erfahrene Erzählerin, »mit einer Geschichte, die man schon oft vorgelesen hat, oder einem Märchen, das man auswendig weiß. Kinder genießen das Erzählen.« Zuhörer fühlen sich durch die freie Sprechweise, den Blickkontakt und die Mimik direkt und besser angesprochen. Die ErzählerInnen können den Kontakt zu ihren begeisterten Zuhörern beim freien Sprechen besser halten als beim Vorlesen aus einem Buch.

Auch Vorlesen kann reizvoll sein: Grimm'sche Märchen zum Beispiel eignen sich gut dazu, weil wir es hier mit einer hoch entwickelten Literatursprache und faszinierenden Sprachwendungen zu tun haben. Leider fällt der direkte, lebendige Augenkontakt beim Vorlesen weg. Doch wer Mühe hat und sich nicht getraut, frei zu sprechen, soll es gerne mit Vorlesen versuchen, denn auch vom Vorlesen geht ein Märchenzauber aus. Auch hier treten wir gemeinsam ein ins Wunderland der Fantasie. Wenn nötig, unterbrechen wir das Lesen kurz, um Fragen zu beantworten. Es ist auf jeden Fall viel besser, Kinder lernen Märchen durch Vorlesen kennen als gar nicht. Am Schluss lassen wir die Kinder die Geschichte nacherzählen. Staunend erleben sie das Sprichwort:

Hinter dem Himmel schlafen die Märchen!

Märchen von Anfang bis Ende erzählen: Die Erzählungen sollten nicht Stunden oder gar Tage unterbrochen werden, weil die Spannung für die Kinder sonst zu groß wird. Im Märchen leben »Gut« und »Böse« gleichzeitig nebeneinander und schaffen so Konfliktsituationen. Am Ende der Geschichte lösen sich die Probleme, Gefahren und Nöte auf und wenden sich zum Guten. Um die Spannung der Geschichte bis zum Schluss und ihrer Auflösung zu ertragen, brauchen die kleinen Zuhörer für ihre Märchenstunde ein Klima der Geborgenheit und die Gewissheit, dass sich am Ende alles in Güte und Freude auflöst. Kinder geraten beim Zuhören in den Zauberbann der Märchen und erleben:

Märchen stehen im wunderbaren Gegensatz zur Schnelllebigkeit unserer heutigen Zeit. Sie scheinen die Zeit zu bannen, für die Zuhörer steht sie still.

Was passiert beim Erzählen und Zuhören? Es ist eine wunderbare Art, Zeit miteinander zu verbringen: Geschichten zu teilen, sich von Worten berühren zu lassen. Die meisten Volksmärchen haben einen fest gefügten Handlungsablauf. Hier drei charakteristische Merkmale des traditionellen Volksmärchens:

- Im Mittelpunkt des Märchens steht meistens der Mensch.
- Der Held oder die Heldin des Märchens gehen handelnd ihren Weg.
- Das Märchen flößt Vertrauen und Sicherheit ein und gibt am Schluss Antworten auf schwierige Fragen.

Kinder identifizieren sich mit »ihren« Helden! Sie wollen genau wie diese gut sein und am Ende Erfolg haben. Da Kinder in Bildern denken und in einer Welt leben, in der alles lebendig ist, gibt es für die Fantasie keine Grenzen. Alles ist möglich, auch das Unmögliche, darum lieben Kinder Zaubermärchen und Verwandlungen aller Art. Der Erfolg der Märchenhelden liegt darin, dass sie die Missstände durch Stärke, Schlauheit oder List bekämpfen. Märchen transportieren Lebensweisheiten und sie können Kinder in einer Welt, die immer unübersichtlicher und komplizierter wird, ein wenig Orientierung bieten.

DAS »GRAUSAME« UND »BÖSE« IM MÄRCHEN

In den 70er Jahren wurden häufig keine Volksmärchen erzählt, weil man die Kinder vor Grausamkeiten und dem »Bösen« schützen wollte und ihnen nichts »Unwahres« vorgaukeln mochte. Doch wenn wir vor den »bösen Märchen« zurückschrecken, dann schrecken wir gleichsam vor uns selbst zurück, denn wir sind in diese Geschichten eingewoben, grob zwar, aber doch deutlich sichtbar. Das Gute kann und wird siegen. Es ist eine Aufmunterung, für das Gute zu kämpfen, das Gute in der Welt und im Menschen zu suchen, sich mit dem Bösen aber, auch in sich selbst, auseinanderzusetzen – im Bewusstsein: So ist es auch heute, nicht nur: »Es war einmal«.

Man hat nicht immer bedacht, dass Kinder Gewalt im Märchen ganz anders auffassen und erkennen, als Erwachsene das tun. Kinder sehen die Welt noch in einer Schwarz-Weiß-Aufteilung. Für sie ist die Welt in Ordnung, wenn das Gute siegt und das Böse bestraft wird. Die Märchen der Brüder Grimm entsprechen eindeutig einem Seelenbedürfnis der Kinder, sonst würden sie sich nicht seit zweihundert Jahren bis heute dieser Beliebtheit erfreuen! Die Strafen für »die Bösen« sind hart und grausam, doch aus Kindersicht »gerecht«. Hier drei Beispiele bekannter Märchen:

- Das Ende des Wolfs: »Rotkäppchen aber holte geschwind große Steine, damit füllten sie dem Wolf den Leib, und wie er aufwachte, wollte er fortspringen, aber die Steine waren so schwer, dass er gleich niedersank und sich tot fiel. Da waren alle drei vergnügt!«
- Das Ende der Hexe im »Fundevogel«: »Aber die Ente kam schnell geschwommen, fasste sie mit ihrem Schnabel beim Kopf und zog sie ins Wasser hinein; da musste die alte Hexe ertrinken. Da gingen die Kinder zusammen nach Haus und waren herzlich froh; und wenn sie nicht gestorben sind, so leben sie noch heute.«
- Das Ende der Hexe in »Hänsel und Gretel«: »Da gab ihr Gretel einen Stoß, dass sie weit hineinfuhr, machte die eiserne Tür zu und schob den Riegel vor. Hu! da fing sie an zu heulen, ganz grauselig; aber Gretel lief fort, und die gottlose Hexe musste elendiglich verbrennen.«

Gewalt im Märchen nicht ausschmücken: Das »Gute« an der Gewalt im Märchen ist, dass die »Feinde« einfach tot umfallen. Die Gewalt wird im Volksmärchen nicht ausgeschmückt, sondern nur knapp und sachlich geschildert. Das sollten wir auch beim Erzählen so halten, denn lange Schilderungen der Gewalt sind für Kinder schädlich! Die Kinder erwarten einfach, dass das Böse nicht nur besiegt, sondern mit »tödlicher Sicherheit« ausgelöscht wird. Nur so kommt es zu einem echten Happy End. Das ist übrigens nach wie vor das Erfolgsrezept Hollywoods. Wie damals im Märchen bekommt der Gute auch heute noch im Film zum Schluss immer »die Prinzessin«: *Sie feierten ein Hochzeitsfest und wenn sie nicht gestorben sind, so leben sie noch heute!* Märchen lösen Ängste nicht aus, sondern machen sie lediglich sichtbar und zeigen, wie ein sinnvoller Umgang mit ihnen aussehen kann. Märchen sind mehr als nur Erbauungs- oder Einschlafgeschichten. Sie sind unser mythologisches Gedächtnis. In ihnen sind die Codes unserer Wesenhaftigkeiten gespeichert.

Reaktionen der Zuhörer beobachten: Wenn Kinder die Wiederholung bestimmter Märchen immer wieder verlangen und ihre Augen beim konzentrierten Zuhören leuchten, dann ist das ein sicheres Zeichen dafür, dass die Geschichte bei ihnen angekommen ist. Das Märchenmotiv passt zu ihrer momentanen Gefühlslage, ihrem Alter und darum fühlen sie sich zutiefst angesprochen. Deshalb beobachten wir während des Erzählens unauffällig das Verhalten der Kinder und ihre Reaktionen. Wir fragen uns:

- Hören sie fasziniert zu?
- Sind sie vom Inhalt betroffen?
- Entsteht Nähe und Vertrauen?
- Verstehen sie den Handlungsablauf des Märchens?
- Passt das Märchenmotiv zum Alter und der Gefühlslage der Kinder?
- Zeigen sie Angst, Abwehr oder Unbehagen?

Sollte Letzteres der Fall sein, sind die Kinder vielleicht zu klein, ist es das falsche Märchen, spricht sie im Moment genau dieses Märchenmotiv nicht an, ist die Geschichte zu lang, die Stimmung ungemütlich, oder wir erzählen nicht interessant genug. Kein Grund sich aufzuregen, auch Erwachsene lieben nicht alle gleichzeitig dieselbe Geschichte. Vertrauen wir darauf, beim nächsten Mal wird es klappen, wenn wir das »richtige« Märchen erzählen, denn es holt die Kinder genau dort ab, wo sie stehen! Ein ängstliches Kind braucht ein Märchen, in dem der Held alle Gefahren besteht. Ein Kind, das Tiere liebt, freut sich über die »Bremer Stadtmusikanten«, ein Kind, das für sein Leben gern isst, staunt über die Geschichte »Der süße Brei«.

WAS BEWIRKEN MÄRCHEN BEI KINDERN?

Das Kind erhält die Möglichkeit, in der Begegnung mit lebensnahen Wertesystemen und spirituellen Fragen in Märchen und Geschichten eigene Standpunkte zu finden sowie Wertschätzung und Offenheit anderen gegenüber zu entwickeln. Kinder lernen durch Märchen und Geschichten:

- Konzentriert zuhören und sich dem Erzähler aufmerksam zuwenden
- Beim Zuhören innerlich und äußerlich zur Ruhe kommen
- Die Stimmung genießen, damit innere Bilder entstehen können
- Einander wahrnehmen, Blickkontakt aufnehmen
- Die Geschichte mit allen Sinnen erfahren und erleben
- Sich den Handlungsablauf einprägen und wiedergeben können
- Konflikte veranschaulichen und Lösungen finden
- Auf Werte und Gegensatzpaare achten wie »Was ist gut, was ist böse?« – »Wahrheit und Lüge« – »Frieden und Streit« – »Liebe und Hass« – »Hilfsbereitschaft und Gier« – »Rechtes und falsches Handeln« – »Gewalt und Gewaltlosigkeit«
- Im Rollenspiel das Verhalten der Märchenfiguren bewusst erleben
- Stimmungszustände wie Freude, Trauer, Ärger oder Wut ausdrücken
- Erfahren, dass Schwächen, Fehler und ebenso eine Kultur des Verzeihens und der Umkehr zum Leben dazugehören
- Sprach- und Verhaltensmuster einüben und dabei den Wortschatz erweitern, Symbole und Gleichnisse zu verstehen
- Gemeinsam zuhören, erzählen, spielen, basteln, malen

WIR RICHTEN EINE ERZÄHLECKE EIN

Kinder lieben Wiederholungen und Rituale. Darum erzählen wir so oft als möglich zur gleichen Zeit und am selben Ort. Damit beim Erzählen innere Bilder entstehen und die Fantasie Flügel bekommt, brauchen Kinder für diese besonderen Momente eine angenehme emotionale Atmosphäre. Hier ein paar Ideen, wie wir die Zeit für Geschichten unterstützen können, damit eine märchenhafte Stimmung aufkommt, gemütliche Ruhe eintritt, kuschelige Nähe entsteht und der besondere Zauber der Märchenwelt leuchten kann.

Das Tor zur Märchenwelt: Im geschlossenen Wohnraum steigen die Kinder durch einen »vergoldeten« Gymnastikreifen ins Märchenland ein und kehren durch den »Zauberring« am Schluss der Geschichte wieder zurück in die reale Welt.

Vielleicht finden Kinder im Wald zwischen zwei Steinen, Sträuchern oder Bäumen »ihr« Märchentor, durch das sie jedes Mal leise ins Märchenland schlüpfen. Erstaunlicherweise klingen hier Märchen noch intensiver als zu Hause. Anschließend spielen sie mit Naturmaterial in den Baumwurzeln Zwergenreich. Beim Verlassen schließt sich das Märchentor wieder, bis zum nächsten Mal!

Märchenkerze: Zu Beginn der Märchenstunde zünden wir eine Kerze an. Besonders schön und wohlriechend sind Bienenwachskerzen. Wir stellen sie auf einen Spiegel oder einen großen Teller. Um die Kerze legen wir farbige Steine, Kristalle, Tannenzapfen, Schneckenhäuser, zarte Tücher, Blumen, Zwerge oder etwas Goldenes, passend zum Märchen und der Jahreszeit.

Märchenlaterne: Vielleicht finden wir eine Laterne, die wir zu einer Märchenlaterne umbauen können. Wir kleben etwa farbige, feuerfeste Folien auf die Glasscheiben. Die Laterne lässt sich auch mit lichtdurchlässigen Fensterfarben bemalen. Wie wär's mit einer Märchenszene, farbigen Tupfen, Streifen oder Sonne, Mond und Sternen? Die strahlende Laterne stellen wir in die Mitte unseres Märchenkreises oder auf den Tisch.

Geschichtenteppich: Wir setzen uns zum Erzählen mit den Kindern auf einen Geschichtenteppich. Das kann ein spezielles Tuch sein, eine farbige Wolldecke, ein bunter Batikdruck, eine Patchworkdecke. Auch eine »haarige« Bettvorlage kann den Platz für die Geschichtenzeit markieren. Oder wir nähen gemeinsam einen Teppich und fliegen zusammen ins Märchenland.

Kuschelecke: Mit etwas Fantasie, Kissen und Tüchern lässt sich jedes Sofa und jeder Polstersessel zu einer Kuschelecke umfunktionieren. Kinder sind Genießer, wohlig eingekuschelt in ein großes Kissen, gewärmt von einem farbigen Tuch, lässt sich in den Geschichten noch schöner schwelgen.

Märchenecke im Garten: An einem ruhigen Plätzchen im Garten lässt sich eine Märchenecke einrichten: auf einer Bank unter einem Baum, neben einem plätschernden Brunnen oder in der Nähe eines Gartenteiches. Ebenso kann ein Baumhaus, eine Rosenlaube oder ein altes Gartenhaus reizvoll sein. Bewährt haben sich außerdem »Märchenzelte«. Wer baut sich eins? In China sagt man:

Wenn ich einen grünen Zweig
im Herzen trage,
wird sich ein Singvogel
darauf niederlassen.

Wahrheit

Legenden und Märchen eignen sich besonders gut, um Kinder lebendig und spielerisch an Werte heranzuführen. Wahrheit und Vertrauen sind für alle Menschen wichtige Werte. Nur wenn wir aufrichtig miteinander umgehen, kann Vertrauen entstehen. Kinder brauchen ein Urvertrauen, um gesund und stark in die Welt hineinzuwachsen. Nur wer offen und mutig seinen Weg geht, kann den Gefahren des heutigen Lebens trotzen.

WAHRHEIT IM MAGISCHEN ALTER

Es braucht eine bestimmte Reife, bis Kinder den Unterschied zwischen Wahrheit und Lüge verstehen. Zwischen zwei und sechs Jahren leben die Kinder im sogenannten magischen Alter. Für sie ist alles, was sich bewegt, beseelt und lebendig. Darum ist es für sie selbstverständlich, dass Tiere im Märchen sprechen, Menschen sich in Steine verwandeln oder zur Frau Sonne in den Himmel steigen, um Rat zu holen. Kinder wandeln traumsicher zwischen der realen und der unsichtbaren Welt hin und her. In diesem Alter fällt es ihnen schwer, Wirklichkeit und Fantasie voneinander zu trennen. Sie malen sich Geschichten aus und glauben an das, was sie gerade schildern. Das hat mit bewusstem Lügen nichts zu tun, sondern mit dem magischen Alter und ihrer reichen Fantasie!

Unsichtbare Freunde: Zwischen drei und sechs Jahren leben viele Kinder mit einem unsichtbaren Freund, das kann ein Tier, ein Kind, ein Engel, ein Zwerg, ein Prinz oder eine Prinzessin sein. Diese unsichtbaren Freunde begleiten sie über Monate oder gar Jahre. Wenn ein Kind erzählt: »In meinem Zimmer wohnt ein goldener Elefant, wir sprechen und spielen oft zusammen«, haben Sie als Erwachsener keine Chance. Sie können noch so oft erklären, dass da kein Elefant ist, das Kind wird Ihnen nicht glauben. Es vertraut seinen inneren Bildern – und das ist auch gut so. Mit unsichtbaren Freunden schaffen sich Kinder einen inneren Vertrauten, dem sie alles erzählen können. Nehmen Sie ihnen diesen Rückhalt nicht. Mit der Zeit verschwinden die Figuren von selbst.

Märchen, die das Verständnis für Wahrheit stärken

Die folgenden Märchen und Geschichten zum Thema »Wahrheit« helfen den Kindern, ihr Unterscheidungsvermögen zu schärfen: In »Des Kaisers neue Kleider« geht es um Wahrheit und Lüge, um Fantasie und Realität. Innere und äußere Wahrheiten treffen wir in »Die Fußspur Gottes«. »Das Hirtenbüblein« offenbart uns, wie Kinder Wahrheit durch Wissensdurst und Forschergeist erleben. Vom Betrügen und Versöhnen erzählt »Drei Affen und ein Krug«. In »Alles glaubt der König doch nicht« lügt ein Prahlhans wie gedruckt, jeder merkt, da stimmt etwas nicht! Die Legende von »König Akbar und der längeren Schnur« zeigt, dass man manchmal die Wahrheit erst durch eine neue Sichtweise entdeckt.

Die Wahrheit und das Märchen: Viele ertragen die nackte Wahrheit nicht. Auch bei der Wahrheit macht der Ton die Musik! Wir können die Wahrheit grob oder mit Feingefühl sagen. Kinder sehen die Welt noch schwarzweiß, sie erkennen Zwischentöne erst mit der Zeit. Hier die Begegnung der »Wahrheit« mit dem »Märchen«, so wie sie in einem alten jüdischen Märchen erzählt wird:

Die Wahrheit und das Märchen begegneten sich auf einer Dorfstraße, das Märchen bunt gekleidet und fröhlich, die Wahrheit im grauen Gewand. Die Wahrheit klagt: »Niemand will mich einlassen.« Das Märchen antwortet: »Mich lässt man gerne ein, weil ich so bunt und heiter bin. Mach es einfach so wie ich.« Seither erscheint die Wahrheit im Märchengewand und das Märchen erzählt von der wahren Weisheit, die sich in ihr verbirgt! Seit damals wandern sie Hand in Hand über die Erde und werden beide von den Menschen geliebt.

Die »Wahrheit« über die Lüge: Wissenschaftler haben herausgefunden, dass Erwachsene mehrmals am Tag lügen: aus Höflichkeit, Bescheidenheit oder um besser dazustehen. Forscher konnten nachweisen, dass notorische Lügner eine andere Hirnstruktur haben als aufrichtige Menschen. Lügen ist für das Gehirn anstrengender als bei der Wahrheit zu bleiben. Es braucht Kraft sich zu merken, wen man wo, wann und warum angelogen hat …

WAHRHEIT

Realität
Offenheit
Richtigkeit
Unterscheidungsvermögen
Ehrlichkeit
Mut
Wissensdurst
Forschergeist
Aufrichtigkeit
Innere Bilder
Symbolverständnis

SPRICHWÖRTER UND REDEWENDUNGEN ZU WAHRHEIT UND LÜGE

Ein Sprichwort ist ein kurzer Satz, der sich auf lange Erfahrung gründet, sagt man. Er gibt eine Lebensregel komprimiert wieder. Sprichwörter wirken wie eine innere Richtschnur und fördern das Symbolverständnis der Kinder. Wir überlegen uns: Was bedeutet diese Aussage? Habe ich das auch schon erlebt? Welche Gefühle werden in mir geweckt?

Kinder und Narren sagen die Wahrheit.
Ehrlich währt am Längsten.
Wer einmal lügt, dem glaubt man nicht und
wenn er auch die Wahrheit spricht.
Lügen haben kurze Beine.
Die Wahrheit ist fast überall unbeliebt.
Lügen wie gedruckt.
Sich in Lügen verstricken.
Die halbe Wahrheit ist eine ganze Lüge.

Lügen haben kurze Beine: Wenn wir diese Redewendung auf Kinder beziehen, heißt das: Kinderlügen haben eine noch kürzere Lebensdauer als die der Erwachsenen. Kinder sind ungeübt im Schwindeln und werden eher ertappt. Rote Ohren, Herzklopfen, feuchte Hände und ein gesenkter Blick – solche Signale verraten sie oft. Erwachsene sollten das Problem sofort ansprechen und mit den Kindern nach Lösungen suchen. Warum lügt das Kind? Wovor hat es Angst? Wer die Wahrheit sagen darf, muss weniger lügen. Haben wir Erwachsenen eine Atmosphäre geschaffen, in der das Kind sich traut, auch mit einer schwierigen Wahrheit zu uns zu kommen? Vielleicht fühlt es sich unsicher oder will sich in den Mittelpunkt stellen? Braucht es mehr Anerkennung in der Gruppe? Vielleicht ist es sehr fantasievoll und flunkert einfach gerne. Will es etwas beschönigen oder getraut es sich nicht, einen Fehler zuzugeben? Hat es Angst vor einer Strafe und will die Schuld auf jemand anderen schieben? Lassen wir uns überraschen! Schauen wir den Kleinen in die Augen! Gute Beobachter merken, ob das Kind lügt. Die Erfahrung zeigt:

Man kann mit der Zunge lügen,
aber nicht mit den Augen.

Des Kaisers neue Kleider

Märchen von Hans Christian Andersen

Das Märchen erzählt von Ehrlichkeit/Lügen, Selbstvertrauen/Eitelkeit, Geltungssucht, Mut zur Wahrheit/Angst, seine Meinung zu vertreten
Wissenswertes für die Erzählerin und den Erzähler: »Des Kaisers neue Kleider« ist ein Kunstmärchen. Es wurde nicht mündlich überliefert, sondern stammt aus der Feder des Dichters Hans Christian Andersen. Ein Kaiser lässt sich von zwei Betrügern für viel Geld unsichtbare Gewänder weben. Der faule Trick funktioniert, weil alle sich aus Eitelkeit und Unsicherheit lieber täuschen lassen, statt der »nackten« Wahrheit ins Gesicht zu sehen. Ein unschuldiges Kind lässt den Schwindel auffliegen.

Kindermund tut Wahrheit kund.

Vor vielen Jahren lebte einmal ein Kaiser, der so große Stücke auf hübsche neue Kleider hielt, dass er all sein Geld dafür ausgab. Für jede Tagesstunde hatte er einen besonderen Rock. Und wie man von einem König erzählt: »Er regiert im Schloss«, sagte man hier: »Der Kaiser ist im Kleiderzimmer!«

Eines Tages erschienen zwei Betrüger in der Stadt. Sie gaben sich als Weber aus und behaupteten, dass sie für den Kaiser den schönsten Stoff mit den buntesten Farben und den hübschesten Mustern weben könnten. In Wirklichkeit waren es aber zwei Gauner, die bequem und schnell reich werden wollten. Man führte sie in den Palast zum Kaiser. Sie sprachen: »Wir weben und nähen dir das schönste Kleid der Welt. Das Ungewöhnliche an diesem Kleid ist, dass jeder, der es betrachtet und sagt, er könne nichts sehen, eindeutig ein Dummkopf ist und nicht für sein Amt taugt!« Der Kaiser hörte sich ihre Rede an und dachte: »Das ist ja herrlich! Wenn ich das Kleid trage, kann ich die Klugen von den Dummen unterscheiden und feststellen, welche Männer für ihr Amt taugen und welche nicht!« Er erteilte den Männern den Auftrag und gab ihnen einen Beutel voll Goldmünzen als Vorschuss, damit sollten sie Garn und Goldfäden kaufen.

Die zwei zogen in den Palast ein und stellten ihre Webstühle auf. Am Kaiser nahmen sie Maß für den neuen Anzug und sahen, dass viel Stoff nötig war. Die zwei Gauner kauften zum Schein in der Stadt ein, setzten sich an die Webstühle und fingen an zu weben – doch in ihren Webschiffchen war überhaupt kein Garn! Fleißig schossen sie die leeren Schiffchen hin und her. Sie arbeiteten Tag und Nacht.

Nach ein paar Tagen schickte der Kaiser seinen alten, ehrlichen Minister zu den Webern, um herauszufinden, wie weit die Arbeit gediehen war. Der alte, gutherzige Minister betrat den Saal, in dem die beiden Betrüger an den leeren Stühlen arbeiteten. Der alte Minister sperrte die Augen weit auf: »Ich kann ja gar nichts sehen! Bin ich ein Dummkopf und tauge nicht für mein Amt?«, fragte er sich. Aber laut sprach er kein Wort. »Nun, Sie sagen ja nichts dazu!«, äußerte der eine am Webstuhle. »Oh, es ist vortrefflich, ganz wunderschön!«, sagte der alte Minister und schaute durch seine Brille, »dieses Muster und diese Farben! Ja, ich werde dem Kaiser berichten, dass es mir außerordentlich gefällt!« »Nun, das freut uns!«, sagten beide Weber. Der alte Minister lauschte aufmerksam, was sie zum Stoff zu erzählen hatten, damit er später dem Kaiser alles sagen könnte. Und das tat er dann auch!

Der Kaiser sandte bald einen zweiten gutmütigen Beamten hin, um zu sehen, ob das Kleid bald fertig wäre. Auch der zweite Beamte guckte und guckte, da aber außer den leeren Webstühlen nichts da war, konnte er auch nichts sehen. »Nicht wahr, das ist ein schönes Stück Stoff?«, sagten die beiden Betrüger und erklärten ihm das schöne Muster, das gar nicht da war. »Dumm bin ich nicht«, dachte der Mann, »demnach tauge ich nicht für mein Amt! Doch ich darf mir nichts anmerken lassen!« So rühmte er denn das Zeug, welches er nicht sah, und versicherte ihnen seine Freude über die schönen Farben und Muster. »Ja, es ist alles ganz wunderschön!«, sagte er später zum Kaiser.

Alle Leute in der Stadt sprachen nur von dem prächtigen Stoff. Nun wollte ihn der Kaiser selber sehen. Mit einer Schar auserwählter Männer, unter denen sich auch der alte Minister und der gutmütige Beamte befanden, begab er sich zu den beiden listigen Betrügern, die aus Leibeskräften webten, ohne Faser und Faden.

»Ich sehe ja gar nichts!«, dachte der Kaiser. »Da ist ja entsetzlich! Bin ich dumm? Tauge ich nicht zum Kaiser?« Laut sagte der Herrscher: »Oh, es ist sehr hübsch! Es hat meinen allerhöchsten Beifall!«, und er nickte zufrieden und betrachtete den leeren Webstuhl. Er wollte nicht gestehen, dass er nichts sehen konnte. Auch sein ganzes Gefolge guckte und guckte. Aber weil nichts da war, konnten sie nichts sehen! Trotzdem sprachen sie dem Kaiser nach: »Oh, es ist ja hübsch!« Sie rieten ihm, das neue Kleid zum ersten Mal bei dem feierlichen Umzug zu tragen. »Reizend und wundervoll!« ging es von Mund zu Munde. Als Dank verlieh der Kaiser den zwei Webern das Ritterkreuz und den Titel Hofweber.

Die Nacht vor dem Umzug arbeiteten die Betrüger emsig. Alle Leute konnten sehen, wie beschäftigt sie waren. Sie taten, als ob sie den Stoff von den Webstühlen nähmen, schnitten mit großen Scheren in der Luft herum, nähten mit Nähnadeln ohne Faden und sagten endlich: »Sieh, nun sind die Kleider fertig!«

Der Kaiser kam mit seinen vornehmsten Hofleuten selbst zu ihnen. Die Betrüger hoben den einen Arm in die Höhe, als ob sie etwas hielten, und sagten: »Seht, hier sind die Beinkleider – hier ist der Rock – hier der Mantel – hier ist die Schleppe! Alles ist so leicht wie Spinnwebe! Man spürt nichts auf dem Körper, gerade so muss es sein!«

Der Kaiser legte seine Kleider ab, und die Betrüger taten, als ob sie ihm jedes Stück der neuen Kleider anzögen. Sie fassten ihn um die Hüften und taten, als ob sie ihm die Schleppe festbänden. Am Schluss wandte und drehte sich der Kaiser vor dem Spiegel. »Wie himmlisch sie kleiden, wie herrlich sie sitzen!«, riefen alle.

»Draußen stehen sie mit dem Thronhimmel, welcher über Eure Majestät im feierlichen Umzug getragen werden soll!«, meldete da der Oberzeremonienmeister. »Nun, ich bin fertig, gehen wir!«, sagte der Kaiser. Die Kammerherren, welche die Schleppe tragen sollten, langten mit den Händen gegen den Fußboden, als wenn sie die Schleppe aufhöben. Sie hielten die Hände steif vor sich in der Luft und ließen sich nicht anmerken, dass sie nichts sehen konnten.

Der Kaiser marschierte bei dem feierlichen Umzug unter dem prächtigen Thronhimmel. Alle Untertanen riefen: »So schöne Kleider hatte der Kaiser noch nie! Welch herrliche Schleppe! Wie vortrefflich sitzt alles!« Niemand ließ sich anmerken, dass er nichts sah. Keiner wollte dumm sein oder nicht für sein Amt taugen!

Plötzlich schrie ein Kind: »Der hat ja gar nichts an!«

»Hört die Stimme der Unschuld!«, rief sein Vater. »Er hat ja gar nichts an, sagt das Kind dort!«, riefen die Umstehenden. »Er hat ja gar nichts an!«, rief zuletzt das ganze Volk. Und der Kaiser bekam eine Gänsehaut, denn es schien ihm, sie hätten recht, aber er dachte bei sich: »Nun muss ich die Prozession aushalten.« Und so hielt er sich noch stolzer, und die Kammerherren gingen und trugen die Schleppe, die gar nicht da war.

Gesprächsanregungen

- Was ist ein Kaiser? Wo hat er gewohnt? Wo hat er regiert?
- Warum zogen die zwei Weber in den Palast ein und stellten dort ihre Webstühle auf? Was hatten sie dem Kaiser versprochen?
- Wer und wo hat schon einen Webstuhl gesehen? Oder selbst gewoben?
- Warum ließen sich der Kaiser, die Minister und das Volk täuschen von den »falschen« Webern?
- Ging es dir auch schon einmal so wie den Menschen in der Geschichte, dass du dich nicht getraut hast, etwas zu sagen, obwohl du wusstest, dass es richtig gewesen wäre?
- Was hättet ihr mit den Betrügern gemacht? Sie aus dem Land geworfen oder ins Gefängnis gesteckt oder ...?
- Wer erfindet für das Märchen einen neuen Schluss?

Spielanregungen

- Das Märchen lässt sich wunderbar pantomimisch darstellen, wenn ein Märchensprecher dazu die Rahmenhandlung erzählt.
- Wir schauen uns Bilder von alten Königsgewändern an.
- Warum wurden sie mit so vielen Goldfäden und Edelsteinen verziert?
- Wer zeichnet den prächtigsten Kaiser mit prunkvollen Kleidern?
- Gemeinsam basteln und zeichnen wir Kleider für Könige, Königinnen, Prinzen und Prinzessinnen und natürlich auch für einen Kaiser.

Der Schafhirt, der »Wolf!« rief

Einer Fabel von Aesop nacherzählt

Die Fabel erzählt von Wahrheit, Vertrauen, Respekt, Achtsamkeit, Regeln einhalten, Verantwortungsbewusstsein, Verlässlichkeit/Fahrlässigkeit, Angst überwinden, Versöhnung

Wissenswertes für die Erzählerin und den Erzähler: Diese Geschichte ist einer alten Fabel des Dichters Aesop nacherzählt, der um 600 v. Chr. lebte. Als griechischer Sklave konnte er seinem Herren, der Obrigkeit und dem König die Wahrheit nicht direkt ins Gesicht sagen. Er versteckte seine Botschaft in einer Fabel.

Vor langer Zeit, in einem Bergdorf, suchten die Männer einen Jungen, der ihnen die Schafe hüten sollte. Sie wählten einen unerfahrenen Burschen zum Hirten. Er musste im Sommer erstmals mit seiner Herde auf die Alp ziehen. Die Bauern warnten ihn: »Dort oben auf dem Berg lebt ein Wolf, der gerne Schafe frisst.« »Ich kann die Schafe nicht beschützen, wenn der Wolf kommt«, jammerte der Junge. »Dieses Problem haben wir gleich gelöst«, sagten die Männer und überreichten dem Hirten ein Horn. »Du brauchst nur laut ins Horn zu blasen und ›Der Wolf! Der Wolf!‹ zu rufen, dann kommen wir und jagen ihn weg.« »Gut«, sagte der Hirtenjunge, »das will ich gerne tun«, und trieb die Herde auf den Berg.

Am ersten Tag erinnerte sich der Junge plötzlich an den Wolf und er fragte sich ängstlich: »Kommen die Bauern in der Not wirklich, um mich und die Schafe zu retten? Ich probiere es einfach aus.« Er blies in sein Horn und rief laut: »Der Wolf! Der Wolf!« Die Bauern im Tal hörten den Alarm und eilten bewaffnet herbei. Als sie keuchend auf der Alp eintrafen, war da weder ein Wolf noch ein gerissenes Schaf zu sehen. »Hirte! Wo ist der Wolf?« »Es ist kein Wolf hier«, erwiderte der Junge, »ich habe nur aus Angst gerufen!« Die Männer kehrten schimpfend ins Tal zurück, um ihre unterbrochene Arbeit wieder aufzunehmen.

Am zweiten Tag langweilte sich der Hirte. Darum blies er in sein Horn und rief laut: »Der Wolf, der Wolf!« Und wieder kamen die Männer angerannt. »Wo ist der Wolf, wo?«, fragten sie. Als die Männer merkten, dass sie wieder umsonst gekommen waren, wurden sie sehr wütend. »Glaubst du denn immer noch, dass wir dich nicht hören, wenn du uns rufst?« »Nein«, antwortete der Junge. »Mir war nur langweilig und ich wollte euch sehen!« Die Männer reagierten äußerst verärgert auf diese Mitteilung. Sie stampften den Berg hinunter und murrten: »Wir können dem neuen Hirten nicht vertrauen!«

Am dritten Tag kam nun wirklich ein Wolf vorbei. Lautlos schlich er sich an die Schafherde heran. »Oh, wie wunderbar!«, knurrte der Wolf, »Schafe fresse ich gern!« und blitzschnell riss er ein Schaf zu Boden und fraß es auf. Mit Entsetzen sah der Schäferjunge die Tat des Raubtiers. In seiner Not sprang er auf den Felsen, blies ins Horn und rief: »Der Wolf! Der Wolf! Hilfe, er will die Schafe fressen!«

Die Männer im Dorf hörten den Jungen rufen. »Der Hirte will uns nochmals an der Nase herumführen. Der Junge ist sicher wieder einsam«, sagten sie. »Wir sind schon zwei Mal umsonst den Berg hinaufgerannt. Heute bleiben wir daheim!«

Der Schäferjunge trieb eilig den Rest der Herde den Berg hinunter. Er rannte in Panik den ganzen Weg bis ins Dorf! Als er bei den Männern ankam, rief er außer sich: »Wo wart ihr?« Die Tränen liefen ihm über die Wangen. »Ihr habt doch versprochen, dass ihr kommt, wenn ich ›Der Wolf! Der Wolf!‹ rufe. Aber niemand ist gekommen! Ihr habt mich alleingelassen!«

Die Männer waren erbost, weil der Wolf ein Schaf gefressen hatte. Sie fragten den jungen Hirten: »Wie können wir dir denn vertrauen? Du hast ›Der Wolf! Der Wolf!‹ gerufen, als gar kein Wolf da war. Wie sollen wir dann wissen, ob das, was du sagst, wahr ist, wenn du nicht immer die Wahrheit sagst?«

Der Junge schämte sich sehr für das, was er getan hatte. Und er begriff, dass das, was die Männer gesagt hatten, die Wahrheit war. Denn er hatte »Der Wolf! Der Wolf!« gerufen, als kein Wolf da war. Und wer einmal lügt, dem glaubt man nicht und wenn er auch die Wahrheit spricht!

Gesprächsanregungen

- Was ist ein Schäfer?
- Warum führt der Schäfer die Schafe in die Berge, wo es Wölfe gibt?
- Warum rief der Junge »Der Wolf«, obwohl er gar keinen gesehen hatte?
- Wie könnte der Junge das Vertrauen der Dorfbewohner zurückgewinnen? Was kann er dafür tun?

Spielanregungen

- Wir erzählen oder lesen die Geschichte nur bis zum Ende des zweiten Tages, die Kinder erfinden den dritten Tag und einen eigenen Schluss.
- Die Kinder spielen die Geschichte als kleines Theater: ein Schafhirt, ein Wolf, Schafe und die Männer aus dem Dorf wirken mit. Natürlich darf auch das Horn nicht fehlen!
- Wer malt das schönste, gefährlichste Wolfsbild?

Aus Kindermund: Welche Regeln sind gut?

Geschichten leben unter anderem von Regeln, Wiederholungen und Ritualen. Das Zusammenleben in der Familie, im Kindergarten und der Schule braucht ebenfalls Regeln. In dieser Legende hat der Schafhirt die Regel gebrochen »Nur dann um Hilfe rufen, wenn der Wolf kommt«. Wir haben Kinder gefragt, welche Regeln sie in ihrem Alltag als hilfreich und sinnvoll empfinden.

- Ich finde es gut, dass bei uns die Regel gilt: »Ich helfe anderen!«
- Bitte und danke sagen finde ich wichtig.
- Dass man hilfsbereit ist und auch wirklich richtig mithilft.
- Sich nicht laut anschreien und niemanden ohne Grund ärgern.
- Man darf keinen mit Schimpfwörtern beleidigen, nicht schlagen und beißen.
- Dass man keinen auslacht.
- Man darf nicht in anderen Sachen herumwühlen.
- Man soll keinen schubsen und nicht mit nassen Händen Strom anfassen.
- Streit mit Worten regeln und niemandem wehtun.
- Ich finde es gut, dass man nicht alles tun kann, was man will, sonst würde jeder nur noch vor dem Computer sitzen und die Welt nicht mehr von außen zu sehen bekommen.

Das Hirtenbüblein

Märchen aus der Sammlung der Gebrüder Grimm

Das Märchen erzählt von Wahrheit über reines Faktenwissen hinaus, Neugierde, Weisheit, Mut, Ausdauer, Verlässlichkeit

Wissenswertes für die Erzählerin und den Erzähler: Kinder sind voller Wissensdurst und Forschergeist. Sie wollen der Wahrheit auf den Grund gehen. Hier beantwortet der weise Hirtenjunge drei Fragen des Königs und löst sie auf seine Weise. Der mutige Junge hat begriffen, dass Wahrheit mehr ist als das, was man anfassen kann.

Es war einmal ein Hirtenbübchen, das war wegen seiner weisen Antworten, die es auf alle Fragen gab, weit und breit berühmt. Der König des Landes hörte auch davon, glaubte es nicht und ließ das Bübchen kommen.

Da sprach er zu ihm: »Kannst du mir auf drei Fragen, die ich dir vorlegen will, Antwort geben, so will ich dich ansehen wie mein eigen Kind, und du sollst bei mir in meinem königlichen Schloss wohnen.«

Sprach das Büblein: »Wie lauten die drei Fragen?« Der König sagte: »Die erste lautet: Wie viel Tropfen Wasser sind in dem Weltmeer?« Das Hirtenbüblein antwortete: »Herr König, lasst alle Flüsse auf der Erde verstopfen, damit kein Tröpflein mehr daraus ins Meer läuft, das ich nicht erst gezählt habe, so will ich Euch sagen, wie viel Tropfen im Meere sind.«

Sprach der König: »Die andere Frage lautet: Wie viele Sterne stehen am Himmel?« Das Hirtenbübchen sagte: »Gebt mir einen großen Bogen weiß Papier«, und dann machte es mit der Feder so viel feine Punkte darauf, dass sie kaum zu sehen und fast gar nicht zu zählen waren und einem die Augen vergingen, wenn man darauf blickte. Darauf sprach er: »So viel Sterne stehen am Himmel, als hier Punkte auf dem Papier sind, zählt sie nur!« Aber niemand war dazu imstande.

Sprach der König: »Die dritte Frage lautet: Wie viele Sekunden hat die Ewigkeit?« Da sagte das Hirtenbüblein: »Der Berg, der hinter deinem Schloss steht, der hat eine Stunde in die Höhe, eine Stunde in die Breite und eine Stunde in die Tiefe; dahin kommt alle hundert Jahr ein Vöglein und wetzt sein Schnabel daran, und wenn der ganze Berg abgewetzt ist, dann ist die erste Sekunde der Ewigkeit vorbei!«

Sprach der König: »Du hast die drei Fragen aufgelöst wie ein Weiser und sollst fortan bei mir in meinem königlichen Schlosse wohnen, und ich will dich ansehen wie mein eigenes Kind.«

Das Problem zu erkennen ist wichtiger, als die Lösung zu erkennen, denn die genaue Darstellung des Problems führt zur Lösung.

Albert Einstein

Gesprächs- und Spielanregungen

- Wir betrachten Bilder von fernen Galaxien – bestaunen den Sternenhimmel in der Nacht – malen gemeinsam einen Sternenhimmel.
- Wir schauen einer Sanduhr zu und suchen eine Sonnenuhr. Gemeinsames Philosophieren über Gestern, Heute, Morgen und die Ewigkeit.
- Wer spielt den König und stellt drei Fragen?
- Wer spielt das Hirtenbüblein und beantwortet drei schwere Fragen?

Ein tolles Erlebnis mit Schnabeltieren

Tierbeobachtung von Julia Leupin, 12 Jahre

Die Geschichte erzählt von Entdeckerfreude, Forschergeist, Wissensdurst, Aufmerksamkeit, Konzentration, Geduld, Genauigkeit, Verständnis, Wertschätzung der Schöpfung
Wissenswertes für die Erzählerin und den Erzähler: Die zwölfjährige Julia Leupin will mit ihrer Tiergeschichte der Frage auf den Grund gehen: »Wie leben Schnabeltiere? Wie schlüpfen sie aus ihren Eiern aus?« Diese Tierbeobachtung weckte den Wissensdurst und Forschergeist der neugierigen Schülerin.

Hallo, ich bin Sina – und meine absoluten Lieblingstiere sind Schnabeltiere. Kürzlich hatte ich ein tolles Erlebnis! Ich war in einem Ferienlager, wo dieses Tier das Hauptthema war. Eines Tages sagte eine der Betreuerinnen zu uns: »Heute gehen wir auf eine Forschungsstation, die auf Schnabeltiere spezialisiert ist.« Wir stiegen in den Bus und fuhren hin.

Dort angekommen, kam die Stationsleiterin ganz aufgeregt auf uns zu und sagte mit einer tiefen Stimme: »Wenn ihr euch beeilt, könnt ihr zusehen, wie die Schnabeltierjungen schlüpfen! Ihr müsst aber leise sein.« Nun führte sie uns vor ein Gehege, in dem nur ein großer Erdhügel mit einem Loch und ein kleiner

Wassertümpel zu sehen war. Wir fragten die Stationsleiterin, wo nun die Eier sind. Sie erklärte uns, dass das Weibchen die Eier in den Erdhügel gelegt hatte und zeigte uns einen Schlauch, der aus dem Erdloch zu einem Laptop führte. Sie erklärte uns, das sei eine Mini-Infrarotkamera, die sie in die Eierkammer gesteckt habe. Dabei öffnete sie das Menü auf dem Laptop und ging zur Seite der Kamera.

Staunend verfolgten wir, wie plötzlich ein kleines Schnäbelchen, dann ein Kopf und nun der ganze Körper von drei kleinen Schnabeltierbabys zum Vorschein kamen. Langsam tasteten sie die für sie noch unbekannte Gegend ab. Ein bisschen tollpatschig sahen sie aus; aber wie würden wir wohl rumlaufen, wenn wir blind und neugeboren sind? Die Leiterin erklärte uns noch einiges, was ich vorher nicht gewusst habe. Jetzt weiß ich zum Beispiel, dass das Schnabeltier das einzige Säugetier ist, das Eier legt. Oder dass das Männchen am Hinterfuß einen giftigen Stachel hat, mit dem es seine Rivalen in die Flucht schlägt.

Wieder im Lagerhaus angekommen, waren wir uns alle einig, dass dieser Ausflug das tollste Ereignis des ganzen Ferienlagers gewesen war!

Gesprächsanregungen

- Wie sieht ein Schnabeltier aus und wo lebt es?
- Wie kommen seine Jungen auf die Welt?
- Wer hat auch schon die Geburt eines Tieres beobachtet?
- Wer erzählt eine selbst erlebte Tierbeobachtung?
- Wer hat Lust, in den nächsten Tagen Tierforscher zu sein? Zu Hause, auf dem Schulweg, in der näheren Umgebung oder im Wald können die Kinder Tierbeobachtungen machen. Schüler führen ein Tagebuch, Kleine zeichnen das Erlebte und Entdeckte.

Drei Affen und ein Krug

Märchen aus Tibet

Das Märchen erzählt von Freundschaft, Ehrlichkeit/Lügen, Zufriedenheit/Gier, Scharfsinn, Einfallsreichtum, Vertrauen, Verzeihen

Wissenswertes für die Erzählerin und den Erzähler: In jedem Märchen spiegelt sich die Weltanschauung und die Kultur des Landes, in dem es entstanden ist. Die Handlung trägt jedoch immer Wahrheiten in sich, die überall verstanden werden. Hier geht es um zwei Freunde, die sich gegenseitig bestehlen und sich mit den gleichen Waffen kreativ und fantasievoll austricksen. Am Schluss versöhnen sie sich: Sie stehen zu ihren schäbigen Taten, geben die Wahrheit zu und entschuldigen sich dafür.

Wer andern eine Grube gräbt,
fällt selbst hinein!

Vor langer Zeit lebten zwei Freunde namens Jesche und Kunka. Eines Tages musste Jesche für ein paar Tage verreisen. Er ging zu seinem Freunde Kunka und bat: »Hör mir zu, lieber Freund, ich muss für ein paar Tage über Land und habe Angst, dass mir während meiner Abwesenheit jemand meinen Krug voller Goldstücke stiehlt. Könntest du mir den Krug nicht inzwischen aufbewahren? Ich weiß nicht, wen ich sonst fragen könnte!«

»Aber gern«, erwiderte Kunka, der mit allen Wassern gewaschen war, und nahm seinem Freund den Krug ab. Als Jesche außer Sichtweite war, ergriff Kunka den Krug und schüttete die Goldstücke auf die Erde, um sich an ihrem Anblick zu erfreuen. Ach, wie schön sie glänzten, und wie herrlich sie klimperten! Kunka streichelte sie, und es fiel ihm schwer, sich vorzustellen, dass er sich von ihnen je wieder trennen sollte. »Ach was«, sagte er sich, »Jesche braucht sie nicht so nötig wie ich!« Er versteckte die Goldstücke im Garten, füllte den Krug mit Sand und wartete auf die Rückkehr des Freundes.

Nach ein paar Tagen kehrte Jesche wieder zurück. »Freund, es ist etwas Schreckliches passiert«, sagte Kunka betrübt. »Stell dir vor, gleich nach deiner Abreise haben sich am nächsten Tag alle Goldstücke in Sand verwandelt.« »Das ist ja seltsam«, meinte Jesche. »So etwas habe ich noch nie gehört!« Aber was sollte er tun? Er wusste, dass ihn Kunka betrügen wollte. Aber er konnte ihm nichts beweisen. Wütend nahm Jesche den Krug mit dem Sand und trug ihn nach Hause.

Nach einiger Zeit geschah es, dass auch Kunka für ein paar Tage verreisen musste. Er machte sich Sorgen um seine drei kleinen Kinder, Sönam, Padma und Lamo. Er konnte sie nicht alleine zurücklassen im Haus. Und so ging er zu seinem Freund Jesche und bat ihn, die Kinder zu sich zu nehmen: »Hör mir zu, lieber Freund, ich muss für ein paar Tage über Land und habe Angst, dass während meiner Abwesenheit meinen Kindern etwas geschieht! Könntest du nicht in der Zwischenzeit auf die drei aufpassen? Ich weiß nicht, wen ich sonst fragen könnte!« »Das ist doch selbstverständlich«, sagte Jesche, der mit allen Wassern gewaschen war, freundlich. »Du kannst sie mir ruhig anvertrauen. Ich werde für sie sorgen.«

Kaum war Kunka abgereist, ging Jesche auf den Markt und kaufte drei Affen. Er brachte sie nach Hause und nannte die Tiere

nach den Kindern seines Freundes. Den ältesten Affen, Sönam, lehrte er, die Tür zu öffnen, dem mittleren, Padma, brachte er das Fegen bei, und das kleinste Äffchen, das den Namen Lamo erhielt, richtete er so ab, dass es Tee servieren konnte. Einen Tag vor der Rückkehr seines Freundes Kunka brachte Jesche die Kinder aus dem Haus und versteckte sie bei Nachbarn. Dann kehrte er in die Wohnung zurück und schaute ungeduldig nach seinem Freund Kunka aus.

Kunka kam und wollte seine Kinder sehen. »Mein armer Freund, wie soll ich dir die Schreckensbotschaft schonend beibringen?«, jammerte Jesche, und erbsengroße Tränen rollten über seine Wangen. »Stell dir vor, am Tage nach deiner Abreise stehe ich auf, und vor Schrecken stehen mir die Haare zu Berge: Deine Kinder haben sich in Affen verwandelt!«

»Das ist unmöglich«, schrie Kunka auf, und die Angst schnürte ihm die Kehle zu. »Nun, überzeuge dich selbst«, meinte Jesche traurig. »Sönam, wo bist du? Komm, öffne die Tür!«, rief Kunka. »Hier, Vater«, kreischte der größte Affe und lief herbei, um die Tür zu öffnen. »Padma, komm und feg die Stube aus!«, rief Jesche dann. »Ich komme schon, Vater«, kreischte der zweite Affe, nahm einen Besen und machte sich flink an die Arbeit. »Es ist wirklich so, der Freund hat die Wahrheit gesprochen«, dachte Kunka erschüttert. »Wollt ihr Tee, Vater? Gleich bringe ich ihn«, rief da das kleinste Äffchen. »Das ist schrecklich«, stöhnte Kunka, »nie hätte ich geglaubt, dass sich Kinder in Affen verwandeln können!«

»Warum sollte das nicht möglich sein? Wenn sich Goldstücke in Sand verwandeln können, können sich Kinder auch in Affen verwandeln!«, meinte Jesche mit kalter Stimme. »Ich muss dir sagen«, klagte Kunka schuldbewusst, »dass sich deine Goldstücke nicht in Sand verwandelt haben, lieber Freund. Ich habe sie gestohlen!«

»Das höre ich gerne!«, meinte Jesche. »Darum will auch ich dir gestehen, dass deine Kinder sich nicht in Affen verwandelt haben. Ich habe sie beim Nachbarn versteckt!« Und so brachte Kunka die Goldstücke zurück, und Jesche führte die Kinder herbei, und beide Freunde fielen sich in die Arme.

Gesprächs- und Spielanregungen

- Was heißt »mit allen Wassern gewaschen sein«?
- Warum ließ Kunka die Goldstücke verschwinden?
- Warum hat Jesche die drei Kinder mit Affen ersetzt?
- Wem würdest du deinen wertvollsten Schatz anvertrauen?
- Dieses asiatische Märchen eignet sich ausgezeichnet für ein Rollenspiel: Wer möchte die »Äffchen« dressieren mit Requisiten aus der Puppenecke? Wer spielt Kunka und wer Jesche? Wer kann am besten »Krokodilstränen« vergießen und »scheinheilig« lügen?
- Die zwei Freunde geben ihre Fehler zu, entschuldigen und versöhnen sich. Nun ist die Welt wieder in Ordnung. Hast du das auch schon einmal erlebt? Warum ist es manchmal so schwer zuzugeben, wenn man etwas falsch gemacht hat?
- Wir feiern ein Versöhnungsfest mit Hände schütteln, sich umarmen und tanzen. Alles ist vergeben, vergessen und wieder gut!

Wenn du feststellst,
dass du einen Fehler gemacht hast,
ergreife sofort Maßnahmen,
um ihn wieder gutzumachen.

Dalai Lama

König Akbar und die längere Schnur

Legende aus Indien

Die Legende erzählt von Weisheit, Unvoreingenommenheit, Weitblick, dem Recht auf die eigene Meinung, Wertschätzung, Toleranz, Fähigkeit zum Perspektivenwechsel, Respekt für andere Sichtweisen
Wissenswertes für die Erzählerin und den Erzähler: Die wahre Lösung eines Problems liegt manchmal nur in einer guten Idee oder einer neuen Sichtweise!

Vor langer, langer Zeit lebte in Indien ein König namens Akbar. Eines Tages wollte er den Forschergeist seiner Minister prüfen. Zu ihrem Erstaunen spannte der König eine gerade Schnur und stellte seinen Ministern folgendes Rätsel: »Wer von euch kann diese Schnur verkürzen, ohne sie abzuschneiden oder zu verknoten?«

Die Minister wackelten mit ihren Köpfen hin und her und überlegten scharf, wie sie das Rätsel lösen könnten. Nach einer Weile stand einer seiner weisesten Männer auf und spannte eine längere Schnur neben die seines Herrn. Der ganze Hofstaat und der König staunten über die kluge Lösung des Rätsels! Durch diese zweite, längere Schnur wurde die erste automatisch verkürzt. Sie war nicht verknotet, nicht abgeschnitten und dennoch kürzer geworden. König Akbar war entzückt, dass er einen so weisen Minister hatte. Von da an durfte der weise Minister immer neben König Akbar sitzen und ihn in kniffligen Fragen beraten.

Akbar verkündete in seinem Königreich: »Von jetzt an feiern wir jedes Jahr zum Gedenken an die weise Lösung des Rätsels den Staatsfeiertag ›König Akbar und die längere Schnur‹. Das Gleichnis der längeren Schnur lehrt das Volk, die Meinung eines anderen nicht umzubiegen oder zu beschneiden. Sie spannen einfach nur ihre eigene Schnur daneben. Jeder kann für sich selbst entscheiden, was länger und was kürzer, was besser oder schlechter ist. Alle haben das Recht, ihre eigene Wahrheit darzulegen.« Seit jener Zeit lebten das Volk, die Minister und König Akbar glücklich und zufrieden, denn sie achteten die Wahrheit des anderen.

Gesprächs- und Spielanregungen

- Die Kinder experimentieren mit verschieden langen Seilen, Schnüren und Wollfäden. Sie spannen diese oder legen sie auf den Boden und vergleichen sie. Welche wurde »länger«, welche »kürzer«?
- Wer macht Knoten in die Seile und legt Muster damit?
- Bei Streitigkeiten üben wir, »eine längere Schnur zu spannen«. Gelingt es, unsere Sichtweise der Dinge sachlich darzustellen, ohne die der anderen zu »verknoten« oder zu »beschneiden«?

Die Fußspur Gottes

Legende aus dem Orient

Die Legende erzählt von innerer und äußerer Wahrheit, unsichtbaren Wirklichkeiten, Glaube, Gottvertrauen, Vertrauen in die innere Weisheit, Abschätzigkeit/Respekt, Scharfsinn, Schönheit, Liebe, Wertschätzung der Schöpfung

Wissenswertes für die Erzählerin und den Erzähler: Diese arabische Legende erzählt von der inneren und der äußeren Wahrheit. Sie zeigt, dass die weit verbreitete Meinung, es würde nur das existieren, was man anfassen kann, nicht stimmt. Es gibt Dinge, die nicht zu sehen und doch vorhanden sind. Diese Erfahrung machen schon Zweijährige, wenn sie beim Versteckspiel den Kopf hinter einem Tuch verstecken und glauben, sie seien für die Sucher unsichtbar ...

Ein europäischer Forscher machte eine Expedition in die Sahara. Er ließ sich von einem Einheimischen in die Wüste begleiten. Dieser Araber betete fünfmal täglich auf seinem Gebetsteppich und verneigte sich in Richtung Mekka. Da fragte ihn der Forscher: »Was machst du da?« – »Ich bete.« – »Zu wem betest du?« – »Zu Gott.« – »Hast du Gott jemals gesehen?« – »Nein.« – »Hast du ihn schon mit deinen Händen berührt?« – »Nein.« – »Dann bist du wirklich ein Narr, wenn du an diesen unsichtbaren Gott glaubst!«

Als der Forscher am nächsten Tag aufwachte, trat er aus seinem Zelt und sah zu seiner Verwunderung Kamelspuren im Sand.

Er rief dem Araber zu: »Diese Nacht ist ein Kamel hier gewesen.« Der Araber lächelte verschmitzt und fragte: »Hast du das Kamel gesehen?« – »Nein.« – »Hast du es mit der Hand angefasst?« – »Nein. Warum fragst du?« – »Du bist ein seltsamer Mensch!«, sagte der Araber. »Warum glaubst du an ein Kamel, das du weder gesehen noch berührt hast?« – »Ich habe ja den eindeutigen Beweis!«, erwiderte der Forscher. »Die Fußspuren des Kamels sind im Sand rings um das Zelt zu sehen.«

In dem Moment stieg am Horizont strahlend die Sonne auf. Der Araber sah sie an und sprach schlicht und gläubig: »Für mich ist sie die Fußspur Gottes!«

Die Schönheit des Sonnenaufgangs begreift man nicht,
solange man die Sonne und die Wolken,
den Himmel und den Horizont begutachtet.
Denn Schönheit ist kein »Ding«,
sondern eine besondere Weise des Sehens.

Anthony de Mello

Spielanregung

- Wir begrüßen die Morgensonne mit dem Sonnengruß, indem wir beide Arme senkrecht dem Himmel entgegenstrecken mit den Worten: »Guten Morgen, liebe Sonne! Danke für dein Licht, deine Kraft und Wärme!« Dann lassen wir die Arme und den Oberkörper nach vorne sinken, halten dabei die Knie gestreckt und berühren leicht die Erde: »Guten Morgen, liebe Erde, danke, dass du die Sonnenenergie aufnimmst und uns Blumen, Pflanzen und Bäume schenkst!« Das wiederholen wir siebenmal.

Jona und der Wal

Biblische Geschichte aus dem Alten Testament,
erzählt von Susanne Stöcklin-Meier

Die Geschichte erzählt von Angst/Mut, Davonlaufen/Verantwortungsbewusstsein, Buße, Umkehr, Wandlung, Gerechtigkeit, Fürsorge, Vertrauen, Dankbarkeit, Ärger/Milde, Großherzigkeit

Wissenswertes für die Erzählerin und den Erzähler: Ein Prophet galt als Sprachrohr Gottes. Er hatte den Menschen die göttliche Wahrheit in Form von Nachrichten oder Warnungen zu überbringen. Doch der Prophet Jona wollte der Stadt Ninive die Wahrheit nicht ins Gesicht sagen. Es kann schwer sein, die Wahrheit zu sagen, wenn wir fürchten, dass andere sie nicht hören wollen. Auf der Flucht vor Gott erlebte er eine wundersame Wandlung: Durch den Sturz in die Meeresfluten, das Geborgensein im Bauch des Walfisches, im Wieder-an-Land-Kommen und das Geschehen in Ninive begriff er: Gott hat alle Menschen, Tiere und Pflanzen lieb.

Vor vielen hundert Jahren, zu der Zeit, als in Israel noch Könige herrschten und Propheten die Wahrheit Gottes verkündigten, lebte ein Mann namens Jona. Er war Prophet und ein Knecht Gottes, aber er war kein gehorsamer Knecht. Gott sprach zu ihm: »Mache dich auf, Jona! Du musst verreisen. Du sollst in die große Stadt Ninive gehen, denn die Menschen in Ninive tun viel Böses. Du musst ihnen sagen, dass ich ihr böses Tun genau sehe und dass ich sie bestrafen werde, wenn sie sich nicht bessern!«

Jona erschrak, als er das hörte, und dachte: »Das kann Gott nicht von mir verlangen. Ich bringe diese Botschaft nicht nach Ninive, denn diese Menschen wollen das nicht hören. Niemand gibt gerne seine Fehler zu und wer will sich schon wandeln? Zudem geschieht es ihnen recht, wenn sie bestraft werden, denn sie leben ja von Betrügereien, Gewalt und Hass!«

Jona überlegte: »Was soll ich nur tun? Wenn ich weit, weit fortlaufe, kann mich Gott nicht finden, dann brauche ich nicht nach Ninive zu gehen.« Und er lief und lief, bis er ans Meer kam. Es dauerte nicht lange, da fand er ein ausländisches Schiff, das nach Spanien fahren wollte. Er ging an Bord, bezahlte seine Reise und legte sich völlig erschöpft unter Deck schlafen. Er dachte: »Hier unten kann mich Gott nicht finden!«

Aber Gott sah Jona auch an diesem dunklen Ort unten im Schiff und er schickte ihm einen gewaltigen Sturm mit viel Wind, Regen und Unwetter aufs Meer, sodass die Seemänner meinten, das Schiff würde zerbrechen.

»Jona, Jona, steh auf! Wie kannst du bloß schlafen?«, weckte ihn der Kapitän unsanft. »Ein riesiger Sturm ist aufgekommen!«, schrie der Kapitän ihm zu. »Wir haben schon allen Ballast über Bord geworfen. Aber der Wind wird immer schlimmer. Wir gehen gleich unter! An Deck kann sich schon keiner mehr halten. Komm, rufe deinen Gott an, damit er uns helfe.« Als Jona den schwarzen Himmel sah und den Sturm hörte, da wusste er, dass Gott ihn gefunden hatte.

Das Schiff bäumte sich immer mehr auf, immer stärker wurden alle hin und her geworfen. Schließlich schrie einer der Matrosen: »Die Götter zürnen uns. Daran muss einer von uns schuld sein.« Da bekannte Jona: »Ich bin schuld, ich bin ein Hebräer und verehre den Herrn, den Gott des Himmels, der das Land und das Meer geschaffen hat. Vor diesem Gott bin ich geflohen, weil ich die Wahrheit nicht verkünden wollte!« Die ausländischen Seeleute bekamen Angst vor diesem Gott, der einen solchen Sturm befehlen konnte. Und sie flehten Jona an: »Hilf uns! Was sollen wir denn nur machen, damit dieser Sturm aufhört?«

Jona sagte: »Werft mich einfach über Bord! Dann wird sich das Meer beruhigen. Der Sturm ist durch meine Schuld über uns gekommen.« Doch die Seeleute weigerten sich, dies zu tun. Sie sammelten noch einmal alle Kräfte und ruderten verzweifelt gegen den Sturm an. Erfolglos. Schweren Herzens nahmen sie schließlich Jona und warfen ihn ins Meer. Augenblicklich legte sich der Sturm.

Sobald Jona ins Wasser gestürzt war, schickte Gott einen großen Fisch, der ihn mit Haut und Haaren verschluckte. Erst hier, im Bauch des Fisches und ganz alleine, betete Jona endlich zu seinem Gott, dem Herrn über Land und Wasser, über Menschen, Tiere und Pflanzen. Er dankte Gott für seine Rettung durch den Fisch. Er versprach ihm, seinen Auftrag zu erfüllen und in Ninive die Wahrheit zu verkünden, wenn Gott ihn heil aus dem Fischbauch im Meer auf das Festland zurückbringen würde.

Drei Tage und drei Nächte musste Jona im dunklen Bauch ausharren, bis der Fisch ihn an das Ufer spuckte. Kaum hatte der ungehorsame Prophet wieder Erde unter den Füßen, sprach Gott zu Jona: »Mach dich auf, geh in die große Stadt Ninive und verkünde den bösen Menschen: Noch vierzig Tage bis zum Untergang!«

Jona machte sich auf den Weg nach Ninive. In der Stadt angekommen, lief er durch die Straßen und rief den bösen Menschen zu: »Noch vierzig Tage bis zum Untergang!« Für sich dachte er: »Sollen sie doch untergehen und von Gott ihre gerechte Strafe bekommen!«

Die Menschen erschraken sehr über Jonas Nachricht. Sie wussten genau, warum die schreckliche Strafe kommen sollte:

weil sie so viel Böses getan hatten. Da bereuten sie ihre Sünden. Ein großes Fasten wurde ausgerufen, alle legten ihre schönen Kleider ab und zogen einen Sack an zum Zeichen der Buße. Sogar der König hüllte sich in einen Sack und setzte sich in die Asche. Alle baten Gott vierzig Tage lang, sie dieses Mal noch zu verschonen. Keiner von ihnen wollte noch etwas Böses tun. Diese Einsicht machte auf Gott einen so starken Eindruck, dass er seinen Beschluss zurücknahm und Ninive nicht vernichtete.

Nahe der Stadt saß Jona auf einem Berg. Er wollte von oben zusehen, wie Gott die Menschen von Ninive vernichten würde. Er wartete und wartete, aber die Strafe kam nicht. Da wurde er ärgerlich und schrie Gott an: »Warum vergibst Du ihnen? Das ist nicht gerecht. Ninive hat den Tod verdient. Nie wollten sie etwas von Dir wissen; immer haben sie nur Unrecht getan. Du bist zu gnädig und zu gütig. Du lässt Dich umstimmen und strafst dann doch nicht ... Jetzt glauben sie, ich sei ein falscher Prophet und hätte nicht Deine Wahrheit verkündigt! Ach, lass mich doch sterben, das ist besser als weiterzuleben.«

Gott erfüllte ihm diesen Wunsch nicht, sondern fragte zurück: »Ist es recht von dir, so wütend zu sein?« Jona aber schwieg, denn er wünschte sich, dass Gott diese Menschen bestrafen würde. Er hatte kein Mitleid mit ihnen.

Jona litt auf dem Berg unter großer Hitze. Blitzschnell ließ Gott direkt neben ihm eine Rizinusstaude wachsen. Sie spendete dem Propheten kühlenden Schatten. Jona freute sich über dieses Geschenk, aber seine Freude währte nur kurz. Denn Gott schickte am nächsten Morgen einen Wurm, der die Staude stach und sie verwelken ließ. Während die Sonne von oben herabbrannte, trauerte Jona um die verwelkte Rizinusstaude und wünschte sich den Tod.

Da sprach Gott zu ihm: »Du hast Mitleid mit einer verdorrten Rizinusstaude. Darf ich dann kein Mitleid haben mit all den Men-

schen und Kindern und Tieren in Ninive?« Jona schämte sich sehr. Er dachte: »Wie weise und gut ist Gott. Er sorgt für alles, was lebt. Er hat die Menschen, die Tiere und auch die Pflanzen lieb.«

Gesprächs- und Spielanregungen

- Wir malen große Bilder vom Sturm und dem Walfisch mit Jona im Bauch. Wer mal den größten, wer den dicksten Wal?
- Wir spielen die Geschichte »Jona und der Walfisch« als Schattentheater mit selbst gebastelten Stabfiguren.
- Wir basteln aus Holzrinde und Farbe bunte Fische.
- Was bedeutet Wasser für mich? Wo und wie begegne ich ihm?
- Wir betrachten Bilder von ruhigem, blauem Meer, von Wellen aller Art, Fotos von Blitzen, Regen und Bilder von stürmischer See.
- Wer war schon auf einem großen Schiff und wie hat es ausgesehen?
- Wir sehen uns Fotos an von Walfischen und hören ihren Gesang.
- Was ist die Aufgabe eines Propheten?
- Wer wollte auch schon weglaufen wie Jona und warum?
- Jona war ärgerlich und wütend. Wie gehe ich mit Ärger und Wut um?
- Wann habe ich mich nicht getraut die Wahrheit zu sagen? Was war der Grund dafür?
- Wir schneiden einen großen Wal aus blauer Pappe, legen ihn in die Mitte auf den Boden. Jedes Kind darf ein brennendes Teelicht darauf stellen. Wir machen Gesprächsrunden zu folgenden Themen:
- Wie fühlte sich Jona im Bauch des Fisches?
- Was mache ich, wenn es dunkel ist und ich Angst habe?
- Jona hat im Bauch des Wals gebetet. Wer kennt auch ein Gebet oder ein Lied, das Trost spendet und die Angst vertreibt?

Besuch im Zoo

Geschichte von Susanne Stöcklin-Meier

Die Geschichte erzählt von gemeinsamem Tun in der Familie, Staunen, Entdeckerfreude, Wissensdurst, Konzentration, Aufmerksamkeit, artgerechtem Umgang mit Tieren

Wissenswertes für die Erzählerin und den Erzähler: Der »Besuch im Zoo« ist eine typische Alltagsgeschichte rund um das Staunen und Entdecken. Kinder lieben Tiere, und Zootiere sind interessant, weil es im Tierpark so viele »Exoten« zu bestaunen gibt. Kinder sind von Natur aus lernfreudig und wissbegierig. Leider machen sie oft (spätestens in der Schule) Erfahrungen, die diese natürliche Begeisterung dämpfen. Freuen wir uns also, wenn wir etwas entdecken, das die Neugier und den Wissensdurst der Kinder weckt. Unterstützen wir sie in ihrem Interesse, egal um welches Thema es sich handelt. Geben wir ihnen Möglichkeiten, kleine Forscher zu werden.

Die wahre Lebenskunst besteht darin,
im Alltäglichen das Wunderbare zu sehen.

Urs und Anne jubeln: »Juhu, wir fahren heute in den in Zoo!« Sie haben sich das schon lange gewünscht. Auf der Hinfahrt diskutieren sie hinten im Auto über exotische Tiere, die sie aus Bilderbüchern kennen. Anne verkündet stolz: »Die Giraffen haben einen langen Hals und die Elefanten große Stoßzähne!« Urs freut sich am meisten auf die Seelöwen. Er hofft, dass sie Kunststücke zeigen. Vater kauft am Schalter für die ganze Familie Eintrittskarten. »Hört mal gut zu«, erteilt Vater seine Weisungen, »ihr dürft euch anschauen, was ihr wollt, aber bleibt bitte in Sichtweite!« Die Kinder stürmen los und kommen als Erstes vor dem Gehege der Braunbären zum Stehen. »Schau, die Bärenmutter hat zwei Junge!«, ruft Anne entzückt. Staunend sehen sie zu, wie die Bärenkinder mit Seilen am Baum spielen, einen Autoreifen drehen, im Wasser nach schwimmenden Holzklötzen fischen und immer wieder über die schlafende Bärenmutter purzeln.

Gleich daneben leben die Eisbären. Zwischen den Besuchern und dem Bärenfelsen liegt ein breiter Wassergraben. Ein großer Eisbär ist im Wasser. Er schwimmt erstaunlich schnell und kann gut tauchen. Ein anderer steht auf dem Felsen und nagt an einem großen Happen Fleisch. Urs fragt: »Warum heißen diese Bären Eisbären? Ich sehe nirgends Eis.« Vater erklärt: »Die Eisbären kommen aus den arktischen Ländern am Nordpol. Dort brauchen sie ein dickes Fell und eine Speckschicht, die sie vor Eis und Kälte schützt. Das weiße Fell dient als Tarnfarbe, damit man sie im Schnee nicht sieht!«

Weiter geht's auf dem Zoorundgang am Ententeich vorbei zum Elefantenhaus. Die Elefanten stehen im Freien. Sie schwingen ihre Rüssel hin und her. Einer steckt sich mit dem Rüssel einen Ast ins Maul. Der Wärter steht daneben. Anne fragt: »Warum frisst er Holz?« Der Wärter grinst: »Damit er morgen fertige Möbel scheißen kann!« Alle Zuschauer lachen über den derben Witz.

Im Giraffenhaus liest Mutter vor: »Die Giraffen gebären im Stehen. Die Geburt ist ein Sturz aus fast zwei Metern Höhe. Etwa nach einer Stunde können die Jungen stehen.« Die Familie wundert sich, dass ausgerechnet das größte Tier seine Jungen stehend gebärt. »Sicher legen die Wärter kurz vor einer Geburt eine dicke

Strohschicht in den Stall, damit das Kleine weich fällt!«, meint Vater.

Um halb fünf Uhr ist Seelöwenfütterung. Die Seelöwen sind spielfreudige Tiere, geborene Artisten. Während der Fütterung führen sie ihre Schwimm-, Spring- und Jonglierkünste vor. Das Publikum klatscht nach jedem Kunststück. Die Seelöwen ahmen den Applaus nach, indem sie ihre Flossen geräuschvoll zusammenpatschen. Sie brüllen freudig und schnappen sich ihren wohlverdienten Fisch, bevor sie elegant ins Wasser zurückgleiten. Urs ist begeistert: »Ich hab's ja gewusst, die Seelöwen sind alle dressiert wie Zirkuskünstler!«

Vater fragt: »Wer möchte noch ins Affenhaus, wer zu den Zebras und wer zu den Nilpferden? Ins Aquarium gehen wir das nächste Mal. Die Zeit ist so schnell vergangen, dass wir nicht mehr alle Tiere besuchen können.« Einstimmig wird der Besuch im Affenhaus beschlossen. Die Kinder schauen den Affen fasziniert zu.

Gesprächs- und Spielanregungen

- Wo kommen die unterschiedlichen Tiere her? Wie können sie im Zoo artgerecht gepflegt werden?
- Worauf muss man bei einem Haustier achten?
- Wie sieht eine achtsame, liebevolle Pflege aus?
- Wie und wo können wir herausfinden, was Elefanten fressen und ob Holz wirklich auch dazu gehört?
- Wer malt sein Lieblingstier aus dem Zoo?
- Wir spielen uns pantomimisch Zootiere vor. Wer erkennt das Tier?
- Wir rätseln: »Ich weiß ein Tier!« Wer kann es durch Fragen erraten?

Alles glaubt der König doch nicht

Märchen aus Österreich

Das Märchen erzählt von Lüge/Wahrheit, Gutgläubigkeit, gekränktem Ehrgefühl/Würde

Wissenswertes für die Erzählerin und den Erzähler: Zur Freude der Kinder wird in diesem Märchen das Lügen so übertrieben, dass jeder merkt, das kann nicht die Wahrheit sein. Der König, der alles glaubt, reagiert erst auf eine Lüge, die seine Familienehre betrifft. Zu Hans, der ein perfekter Prahlhans ist, passt die Redewendung: »Er lügt wie gedruckt!«

Es war einmal ein König, der alles glaubte, was man ihm erzählte. Er hatte eine Tochter im heiratsfähigen Alter. Der König ließ in seinem Reich ausrufen: »Wer mir etwas sagen kann, das ich nicht glauben kann, der bekommt meine Tochter zur Frau. Wem der Versuch nicht gelingt, dem lasse ich den Kopf abhauen.« Trotz der großen Gefahr meldeten sich viele junge Männer aus nah und fern. Alle wollten die Prinzessin heiraten und das Königreich erben. Doch keinem gelang es, dem König eine Lüge zu erzählen, die er nicht glaubte. Also verloren sie alle ihr Leben.

Eines Tages kam Hans, der Handwerksbursche, in das Land des Königs, der alles glaubt. Er hörte, dass man dem König nur eine gute Lüge erzählen müsse, und wenn er die Lüge glaube, könne man die Königstochter heiraten. Hans dachte: »Nichts leichter als das! Lügen kann ich gut! Ich will mein Glück versuchen!«

Er ging ins Schloss und sagte: »Herr König, ich will dir etwas vorlügen, was du nicht glauben kannst!« – »Gut«, sprach der König, »wenn ich es aber doch glaube, dann lasse ich dir den Kopf abhauen!« Hans war damit zufrieden und er begann zu erzählen: »Ich ging einmal auf das Feld und baute Hanf an, der wuchs und wuchs unter meinen Füßen so hoch wie ein Kirchturm.« – »Das glaub ich dir«, sagte der König. Hans erzählte weiter: »Dann kletterte ich an meinem Hanf hinauf, bis ich über die Städte und Dörfer, Wiesen und Wälder, Berge und Täler, Bäche und Flüsse sah. Nachdem ich mich satt gesehen hatte, wollte ich hinab gleiten, aber o weh! Ich griff ins Leere und stürzte zwanzig Fuß tief in die Erde hinein! Ich lief so schnell, als ich konnte, nach Hause, holte mir einen Spaten und grub mich mit viel Mühe aus.«

»Das glaub ich dir«, sagte der König. Hans erzählte weiter: »Als ich tags darauf wieder auf das Feld kam, war der Hanf schon bis in die Wolken hinauf gewachsen. Ich wollte schon lange den Himmel besuchen. Ich wartete noch einen Tag, und als der Hanf den Himmel erreichte, begann ich hinaufzuklettern.«

»Das glaube ich dir alles«, sagte der König. Hans ließ sich nicht verdrießen und fuhr fort: »Als ich nach einem Jahr im Himmel oben ankam, war es dort so schön, wie man es sich gar nicht vorstellen kann. Die Engel flogen herum und sangen zu Ehren des Schöpfers. Ich sah alte Bekannte, die vor langer Zeit gestorben waren. Sie trugen schöne Kleider und fuhren in Kutschen. Ich erblickte meine Eltern. Sie saßen in einem goldenen Wagen. O König, dann sah ich deinen Vater und deine Mutter, mit Lumpen bedeckt, eine Herde Schweine hüten!«

»Das ist nicht wahr«, schrie der König voll Zorn, »das hast du nicht gesehen!« – »Oh doch, das habe ich wirklich gesehen«, erwiderte Hans lachend, »aber jetzt vergiss nicht dein Versprechen, o König, und gib mir deine Tochter zur Frau!«

Weil der König zuletzt doch nicht alles glauben wollte, musste er dem Handwerksburschen wohl oder übel die Tochter zur Gemahlin geben. Der Prahlhans und die Prinzessin feierten das Hochzeitsfest und wenn sie nicht gestorben sind, so leben sie noch heute.

Gesprächs- und Spielanregungen

- Wir sprechen über den König, der Lügen liebt, und über den Prahlhans. Wann und wo übertreibe ich maßlos? Wo ist die Grenze zwischen Wahrheit und Lüge?
- Wenn man ein Kind beim Lügen ertappt, das dieses Märchen kennt, reicht es, wenn wir lachend sagen: »Alles glaubt der König doch nicht!«
- Wer erfindet ein eigenes Lügenmärchen?
- Jemand erzählt eine Geschichten, die anderen müssen erraten: Ist sie wahr oder erlogen?
- Wer kennt einen »Verkehrte-Welt-Vers«? Zum Beispiel:
  Dunkel war's, der Mond schien helle,
  Schnee lag auf der grünen Flur,
  als ein Wagen blitzeschnelle
  langsam um die Ecke fuhr ...

Rechtes Handeln

Rechtes Handeln zu beschreiben ist gar nicht so einfach. Im Laufe der Zeit verändert sich auch einiges davon, was eine Gesellschaft für angemessen oder nicht angemessen hält. Doch Kinder haben meist ein gutes Gespür für »richtig« oder »falsch«. Wenn eine Handlung aus ihrer Sicht nicht stimmt oder sie unangemessen behandelt werden, sagen sie: »Das ist ungerecht!«

Rechtes Handeln erleichtert das Zusammenleben, privat und in der Öffentlichkeit. Zu rechtem Handeln gehört etwa: nicht stehlen, nicht töten, keinem Lebewesen unnötige Schmerzen zufügen! Rechtes Reden vermeidet lügen, fluchen und dummes Geschwätz. Achtsamkeit gehört dazu, Mitgefühl, hinsehen, genau zuhören, andere Meinungen zulassen und auch rechter Umgang mit Material und mit Zeit. Am Schluss muss jeder die Verantwortung übernehmen für sein Handeln. Es ist gut, sich bewusst zu machen, dass *alle* Handlungen eine Auswirkung haben, gleichgültig ob wir etwas tun oder lassen.

Weil Erwachsene heute kaum Zeit haben und auch Kinder oft schon verplant sind, habe ich für die Einleitung einen Text gesucht zum »richtigen Umgang mit der Zeit«. Kinder brauchen für eine gesunde Entwicklung Anregungen, aber auch Zeit zum Staunen, Trödeln und Ruhe zum Denken. Hier ein paar Anregungen für eine Gesprächsrunde mit Kindern zu diesem alten irischen Gedicht: Wofür fehlt dir meistens die Zeit? Was glaubst du, warum das so ist? Wofür möchtest du dir Zeit nehmen? Wie kannst du deinen Wunsch in den Alltag umsetzen?

Nimm dir Zeit zum Arbeiten,
es ist der Preis des Erfolges.
Nimm dir Zeit zum Denken,
es ist die Quelle der Kraft.
Nimm dir Zeit zum Spielen,
es ist das Geheimnis des Kindes.
Nimm dir Zeit zum Lesen,
es ist der Brunnen der Weisheit.

Nimm dir Zeit zum Träumen,
es bringt dich den Sternen näher.
Nimm dir Zeit zu lieben,
es ist der wahre Reichtum des Lebens.
Nimm dir Zeit für andere,
der Tag ist zu kurz, um selbstsüchtig zu sein.
Nimm dir Zeit zum Lachen,
es ist die Musik der Seele.
Nimm dir Zeit, freundlich zu sein,
es ist der Weg zum Glück.

VOM RICHTIGEN ZEITPUNKT

Seit Urzeiten versucht der Mensch, die Zeit, die er anfangs nur in den Abläufen der Natur beobachten konnte, in den Griff zu bekommen: Sommer, Winter, Tag und Nacht. Die Zeit wurde erst messbar nach der Erfindung von Kalendern und Uhren. Vom ersten Atemzug an wird die Zeit für Menschen wichtig. Die Zeit schenkt uns nicht nur Minuten, sondern Stunden, Tage, Wochen, Monate und Jahre. Es liegt an jedem Einzelnen, wie er mit diesem Geschenk umgeht: ob er Zeit mit Sinn erfüllt, oder ob er sie verschwendet. In unserem schnelllebigen Alltag läuft sie uns manchmal einfach davon. Durch Ablenkung, Zerstreuung und falsches Handeln rinnt die Zeit uns durch die Finger. Zeit lässt sich nicht festhalten! »Jedes Ding hat seine Zeit«, auch das Märchenerzählen und Geschichtenhören. Märchen sind mit dem Strom der Zeit durch die Jahrhunderte gewandert. Der Kirchenvater Augustinus sagte:

Die Seele ernährt sich von dem,
worüber sie sich freut.

Märchen, die das Verständnis für Rechtes Handeln stärken

Die folgenden Märchen und Geschichten zum Thema »Rechtes Handeln« habe ich nach Motiven ausgewählt. Eile mit Weile etwa lernt »Der Tausendfüßler«. Rechtes Handeln heißt am Schluss für »Die Familie und der Esel«: Geh, wohin dein Herz dich führt. »Der Fischer und seine Frau« lehren uns: Wer immer mehr und mehr will, steht am Ende mit leeren Händen da. Die Indianerlegende »Das Geräusch der Grille« mahnt: Wenn

RECHTES HANDELN

Selbstständigkeit
Sauberkeit
Zufriedenheit
Mut
Verlässlichkeit
Verantwortung
Hilfsbereitschaft
Respekt
Toleranz
Dankbarkeit
Geduld
Gutes Benehmen
Rechter Umgang mit Material
Rechter Umgang mit Zeit

wir wissen wollen, was uns am Wichtigsten ist, brauchen wir nur zu schauen, worauf sich unsere Aufmerksamkeit richtet. »Der barmherzige Samariter« zeigt: Tatenlos zusehen heißt mitschuldig werden. Das moderne Märchen »Der Holzvogel« demonstriert: Geben macht seliger denn nehmen. Im Grimm-Märchen spinnt »Frau Holle« an den Fäden des Schicksals und vermittelt den Zuhörenden: Jede Handlung beeinflusst dein Leben. Die Fabel »Zwei Freunde und ein Bär« schließlich illustriert, wie wichtig gute Freunde sind, auf die man sich auch in der Not verlassen kann!

Bücher lesen heißt wandern gehen in ferne Welten,
aus den Stuben über die Sterne.

Jean Paul

SPRICHWÖRTER UND REDEWENDUNGEN ZU RECHTEM HANDELN

Kinder lernen durch Nachahmung, darum sollten wir ihnen Rechtes Handeln durch unser eigenes Tun vorleben: nicht stehlen, nicht lügen, richtig umgehen mit Zeit und Material, Ausdauer, Mut, Gerechtigkeit, Respekt und Toleranz entwickeln.

Zum Diskutieren: Was bedeuten mir die folgenden Sätze? Was könnte es konkret heißen, so im Alltag zu handeln?

Achte auf deine Gedanken! Sie sind der Anfang deiner Taten.
Was du nicht willst, dass man dir tu, das füg auch keinem andern zu.
Wer Fehler macht, kann daraus lernen.
Tatenlos zusehen heißt mitschuldig werden.
Ein Problem zu lösen ist die beste Art, es loszuwerden.
Du sollst nicht stehlen.

Handle gerecht und fair.
Hochmut kommt vor dem Fall.
Gehe achtsam um mit Pflanzen, Tieren und Menschen!
Was ich tue, ganz in Ruhe und mit Mut, das wird gut.

Franz von Assisi setzt in seinem bekannten Gebet immer wieder »Rechtes Handeln« als Antwort auf »falsches Handeln« ein. Nehmen wir uns seine Worte zu Herzen und versuchen wir diese zum Wohle unseres Zusammenlebens in Taten umzusetzen. Die Kinder lernen aus unserem Vorbild mehr als aus unseren Worten.

Herr, mach mich zu einem Werkzeug deines Friedens,
Dass ich liebe, wo man hasst,
Dass ich verzeihe, wo man beleidigt,
Dass ich verbinde, wo Streit ist,
Dass ich die Wahrheit sage, wo Irrtum ist,
Dass ich Glauben bringe, wo Zweifel droht,
Dass ich Hoffnung wecke, wo Verzweiflung quält,
Dass ich Licht anzünde, wo Finsternis regiert,
Dass ich Freude bringe, wo der Kummer wohnt.

Franz von Assisi

Der Tausendfüßler

Zeitgenössische Geschichte, Verfasser unbekannt

Die Geschichte erzählt von Geduld/Ungeduld, Gehetztsein/Gelassenheit, Freundlichkeit/Unbeherrschtheit, Achtsamkeit für die Schönheit der Schöpfung, Zufriedenheit, Wertschätzung

Wissenswertes für die Erzählerin und den Erzähler: Diese Geschichte setzt einen Kontrapunkt zu unserer schnelllebigen Zeit. Die »langsame« Schnecke und der »rasende« Tausendfüßler haben ein ungleiches Zeitverständnis. Der Ungeduldige lernt von der Schnecke Ruhe und Bedächtigkeit, nach dem Motto:

Gut Ding
will Weile haben.

Eine kleine Schnecke kroch langsam mit ihrem schweren Haus auf einem engen Pfad dahin. Es war ein wunderschöner Sommertag und die kleine Schnecke sang vergnügt vor sich hin. Sie ließ sich Zeit und blieb dann und wann stehen, um sich an den wärmenden Strahlen der Sonne zu freuen.

Plötzlich ließ das Donnern unzähliger Füße den Boden unter ihr erzittern. Die Schnecke sah sich um, und da schoss mit atemberaubender Geschwindigkeit ein Tausendfüßler um die Kurve. Er hätte die kleine Schnecke glatt überrannt, hätte diese nicht im letzten Moment einen Schrei ausgestoßen. Der Tausendfüßler bremste haarscharf hinter ihr ab, so abrupt, dass sich seine zahllosen Beinchen hoffnungslos ineinander verhedderten. »Du blöde Schnecke!«, schimpfte er. »Warum musst du mir im Wege stehen! Ich habe es eilig!« Er stieß Verwünschungen aus, während er gehetzt seine verhedderten Beinchen entwirrte.

Die arme Schnecke sah ihm verängstigt zu, denn das hatte sie wirklich nicht gewollt. Betreten hörte sie sich seine Beschimpfungen an, bis er schließlich das Chaos unter seinen Beinchen beseitigt hatte, aufsprang und rief: »Lass mich endlich vorbei! Du hast mich schon genug aufgehalten. Ich habe es eilig!« Die Schnecke antwortete: »Ich würde dir wirklich gern Platz machen, damit du weiterlaufen kannst. Aber schau dich doch um: Dieser Pfad ist so schmal, dass nicht zwei nebeneinander Platz haben!« Da sah sich der Tausendfüßler zum ersten Mal um, wo er überhaupt war, denn in seiner Eile hatte ihn die Umgebung nicht im Geringsten interessiert. Er sah, dass die Schnecke recht hatte. Links und rechts von ihm türmten sich Wolkenkratzer aus Gras, und der Pfad war gesäumt von kleinen, unüberwindbaren Steinen, an denen sich jeder Tausendfüßler die Beine gebrochen hätte. Als er erkannte, dass er nun den ganzen Weg hinter dieser lahmen Schnecke herlaufen musste, rief er verzweifelt: »Ich habe keine Zeit! Ich muss weiter! Keine Zeit!«

Die Schnecke ließ sich nicht beirren und setzte langsam ihren Weg fort in ihrem Schneckentempo. Der Tausendfüßler trippelte nervös hinter ihr her und fragte ein dutzend Mal, ob sie nicht schneller kriechen könnte. Irgendwann, nach langer Zeit, beruhigte er sich, weil er einsah, dass ihm die ganze Hetzerei nichts nützte. Er stapfte stumm hinter der Schnecke her.

Da nahm er zum ersten Mal in seinem gehetzten Leben seine Umgebung richtig wahr. Er sah zum Himmel hinauf und rieb sich ungläubig die Augen. Ein solches Blau hatte er noch nie gesehen. Und die Sonne! Wie wohltuend ihre Strahlen doch wärmten. Und die Blumen! Welch betörender Duft! Den Tausendfüßler überkam ein unglaubliches Glücksgefühl. Er hätte am liebsten lauthals gesungen, aber er traute sich nicht. Er entdeckte um sich herum tausend neue Wunder. Deshalb merkte er nicht, dass die Schnecke plötzlich stehen blieb. Er prallte gegen sie und fragte erstaunt: »Was ist los?« – »Siehst du denn nicht?«, erwiderte die Schnecke. »Nun ist der Weg breit genug. Du kannst weiterlaufen.« Der Tausendfüßler trippelte bedächtig an der Schnecke vorbei. Die Schnecke sagte: »Es tut mir leid, dass ich dich aufgehalten habe!« Doch der Tausendfüßler antwortete: »Nein, ich danke dir dafür! Besuch mich mal, wenn du Zeit hast.« Während er langsam seinen Weg fortsetzte, sang er lauthals vor sich hin.

Gesprächs- und Spielanregungen

- Wir imitieren verschiedene Gangarten: schnelles Trippeln, große Schritte, langsames Schleichen, Schaukeln, Wippen, Durchkriechen, Rutschen usw.
- Wer versucht das schnelle Trippeln des Tausendfüßlers mit Musikinstrumenten nachzuahmen, wer das langsame, bedächtige Schleichen der Schnecke? Welche Instrumente eignen sich dazu? Wie klingt das Tausendfüßlerlied und wie der Schneckensong?
- Wir überlegen uns: Wo rase ich kopflos durch die Gegend wie der Tausendfüßler? Wann betrachte ich achtsam und staunend meine Umwelt und mache Pausen wie die Schnecke?
- Wie fühlt es sich im Körper an, nervös und in Eile zu sein? Und wo im Körper spürst du Ruhe und Entspanntsein?

Die Familie und der Esel

Fabel aus dem Orient

Die Fabel erzählt von Kritiksucht/Respekt, lästern/Rücksicht nehmen, sich beeinflussen lassen/Eigenverantwortung
Wissenswertes für die Erzählerin und den Erzähler: Diese Fabel zeigt, dass es nicht sinnvoll ist, wenn wir unser Handeln nur nach der Meinung anderer Leute ausrichten. Nicht jeder akzeptiert uns so, wie wir sind. Viele kritisieren andere Menschen oder reden schlecht über sie. Deshalb sollten wir unserem Herzen folgen und das tun, was für uns stimmt, was wir als rechtes Handeln empfinden. Das Sprichwort sagt:

Allen Leuten recht getan
ist eine Kunst,
die niemand kann!

Es war einmal ein Ehepaar, das einen Sohn hatte und einen Esel. Die kleine Familie beschloss zu verreisen, in der Fremde zu arbeiten und die Welt kennenzulernen. Der Vater setzte den Sohn auf den Esel, nahm die Frau bei der Hand und zusammen zogen sie los.

Als sie ins erste Dorf kamen, hörten sie, wie die Leute redeten: »Seht euch den Jungen an, wie schlecht ist er erzogen. Er sitzt auf dem Esel und seine armen Eltern müssen laufen.« Also sagte die Frau zu ihrem Mann: »Wir werden nicht zulassen, dass die Leute schlecht über unseren Sohn reden.« Der Mann holte den Jungen vom Esel und setzte sich selbst darauf.

Im zweiten Dorf hörten sie die Leute sagen: »Seht euch diesen dreisten Mann an! Er lässt Frau und Kind laufen, während er sich vom Esel tragen lässt.« Also stieg die Mutter auf das Lasttier und Vater und Sohn führten den Esel.

Im dritten Dorf hörten sie die Leute schwatzen: »Armer Mann! Obwohl er den ganzen Tag hart gearbeitet hat, lässt er seine Frau auf dem Esel reiten. Und das arme Kind hat mit so einer Rabenmutter sicher auch nichts zu lachen!« Also setzte die Familie ihre Reise zu dritt auf dem Lastentier fort.

Im nächsten Dorf hörten sie die Leute sagen: »Das sind ja Unmenschen im Vergleich zu dem Tier, auf dem sie reiten. Sie werden dem armen Esel den Rücken brechen!« Also stiegen sie ab und beschlossen, alle drei neben dem Esel herzugehen.

Im nächsten Dorf trauten sie ihren Ohren nicht, als sie die Leute sagen hörten: »Schaut euch die drei Dummköpfe an. Sie laufen, obwohl sie einen Esel haben, der sie tragen könnte!« Da beschlossen das Ehepaar und ihr Sohn, nicht mehr auf das Geschwätz der Leute zu hören und die Verantwortung für ihr Handeln selber zu übernehmen: »Wir reiten auf dem Esel, wann, wie und wohin wir wollen!«

Gesprächsanregungen

- Wir lassen die Erzählung »Die Familie und der Esel« von den Kindern nacherzählen und überlegen uns, was die Geschichte uns sagen will.
- Um die Kinder zu ermutigen, über eigene Erfahrungen zu sprechen, kann der Erzähler oder die Erzählerin als Einstieg ins Gespräch ein persönliches Beispiel bringen und sagen, warum und wo er oder sie sich schon hat beeinflussen lassen.

- Wer von euch hat schon mal etwas getan, nur weil die anderen Kinder es wollten? Wer hat schon seine Meinung und seine Handlung geändert, nur weil andere Kinder ihn auslachten oder sagten: »Das ist doof«?

Spielanregungen

- Die Fabel lässt sich wunderbar mit selbst gebastelten Stabpuppen darstellen. Bevor wir anfangen zu basteln, überlegen wir uns den Ablauf der Geschichte und stellen uns die einzelnen Figuren und Bilder dazu vor, die wir spielen möchten.
- Was benötigen Kinder, um Stabpuppen herzustellen? Sie brauchen dazu Bambusstäbe, kleine Schachteln, dickes Papier, Textilien, Blumendraht, Leim. Bei der Gestaltung lassen wir den Kindern freie Hand. Einzig die Proportionen sollten in etwa stimmen.
- Jemand erzählt die Geschichte als Rahmenhandlung. Die Spieler führen ihre Stabpuppen über einem gespannten Tuch oder hinter einer Tischkante.

Die befreiende Quintessenz der Geschichte lautet:

Lebe und handle so,
wie du es für richtig hältst,
und geh,
wohin dein Herz dich führt!

Vom Fischer und seiner Frau

Märchen aus der Sammlung der Gebrüder Grimm

Das Märchen erzählt von Maß halten können/Gier, rechtem Augenmaß, Zufriedenheit/übertriebenem Ehrgeiz, Dankbarkeit/Undankbarkeit, Mut zur Wahrheit/Angst, die eigene Meinung zu vertreten, Zivilcourage/Unterwürfigkeit

Wissenswertes für die Erzählerin und den Erzähler: Dieses Märchen berichtet von der maßlosen Gier der Frau des Fischers. Sie kennt keine Dankbarkeit für das, was sie hat. Sie will immer mehr und mehr. Es fehlen ihr Geduld und Zufriedenheit. In unserer materiellen Zeit ist es gut, wenn Kinder lernen, achtsam mit Besitz umzugehen und zu begreifen, dass Glück nicht allein von Macht und Reichtum abhängt. Dieses Märchen zeigt uns: Weniger ist oft mehr. Seneca bringt es auf den Punkt:

Nicht wer wenig hat,
sondern wer viel wünscht,
ist arm!

Es war einmal ein Fischer und seine Frau, die wohnten zusammen in einem alten Pott dicht an der See. Der Fischer ging alle Tage hin und angelte. Er schaute immer in das klare Wasser hinein, und er saß und saß. Da ging die Angel auf den Grund, tief, tief hinab, und wie er sie heraufholte, da zog er einen großen Butt heraus. Der sagte: »Höre, Fischer, ich bitte dich, lass mich leben, ich bin kein richtiger Butt, ich bin ein verwünschter Prinz. Was hilft es dir, wenn du mich tötest? Ich würde dir doch nicht recht schmecken. Setz mich wieder ins Wasser und lass mich schwimmen!«

»Nun«, sagte der Mann, »du brauchst nicht so viele Worte zu machen, einen Butt, der sprechen kann, werde ich doch wohl schwimmen lassen.« Damit setzte er ihn wieder in das klare Wasser hinein, und der Butt schwamm zum Grund hinab. Der Fischer aber stand auf und ging zu seiner Frau in den alten Pott.

»Mann«, sagte die Frau, »hast du heute nichts gefangen?« – »Nein«, sagte der Mann, »ich habe einen Butt gefangen, der sagte, er sei ein verwünschter Prinz, da habe ich ihn wieder schwimmen lassen.« – »Hast du dir denn nichts gewünscht?«, sagte die Frau. »Nein«, sagte der Mann, »was sollte ich mir denn wünschen?« – »Ach«, sagte die Frau, »du hättest uns doch eine kleine Hütte wünschen können, denn unser alter Pott stinkt und ist eklig. Geh noch einmal hin und rufe den Butt und sage ihm, wir wollen eine kleine Hütte haben. Er tut das gewiss, geh nur gleich hin.«

Der Mann wollte nicht so recht; aber er wollte auch seiner Frau nicht zuwiderhandeln, so ging er doch. Als er hinkam, war die See ganz grün, gelb und gar nicht mehr so klar. Er stellte sich hin und rief:

»Manntje, Manntje, Timpe Te, Buttje, Buttje in der See,
meine Frau, die Ilsebill, will nicht so, wie ich es will.«

Da kam der Butt angeschwommen und fragte: »Na, was will sie denn?« – »Ach«, sagte der Mann, »ich hatte dich doch gefangen, nun sagt meine Frau, ich hätte mir etwas wünschen sollen. Sie will nicht mehr im alten Pott wohnen, sie will eine Hütte.« – »Geh hin«, sagte der Butt, »sie hat sie schon.«

Da ging der Mann hin, und seine Frau saß nicht mehr im alten Pott. Es stand nun eine kleine Hütte da, seine Frau saß vor der

Tür auf einer Bank. Sie nahm ihn bei der Hand und sagte: »Komm nur herein, siehst du, jetzt ist alles besser.«

Da gingen sie hinein, und in der Hütte war ein kleiner Vorplatz und eine kleine hübsche Stube und eine Kammer, wo für jeden ein Bett stand, und Küche und Speisekammer und ein Geräteschuppen waren auch da. Und hinter der Hütte waren ein kleiner Hof mit Hühnern und Enten und ein kleiner Garten mit Gemüse und Obst. »Siehst du«, sagte die Frau, »ist das nicht nett?« – »Ja«, sagte der Mann, »so soll es bleiben; nun wollen wir recht vergnügt leben.« – »Das wollen wir uns bedenken«, sagte die Frau, dann aßen sie etwas und gingen zu Bett.

Nach kurzer Zeit sagte die Frau: »Hör, Mann, die Hütte ist mir zu eng und der Hof und der Garten zu klein. Ich möchte in einem Schloss wohnen. Geh hin zum Butt, er soll uns ein Schloss schenken!« – »Ach, Frau«, sagte der Mann, »die Hütte ist doch gut genug, was sollen wir in einem Schloss wohnen? Der Butt hat uns die Hütte gegeben, ich mag nun nicht schon wieder bitten, das könnte den Butt verdrießen!« Doch die Frau schickte ihn trotzdem hin. Dem Mann war das Herz so schwer, und er wollte nicht. Er sagte bei sich selbst: Das ist nicht recht, er ging aber doch hin. Als er an die See kam, war das Wasser ganz violett, dunkelblau und grau, dick und nicht mehr grün und gelb, doch war es noch still. Er stellte sich hin und rief:

»Manntje, Manntje, Timpe Te, Buttje, Buttje in der See,
meine Frau, die Ilsebill, will nicht so, wie ich es will.«

»Was will sie denn?«, fragte der Butt. »Ach«, sagte der Mann bekümmert, »sie will in einem Schloss wohnen.« – »Geh hin, sie steht schon vor der Tür!«, sagte der Butt.

Da ging der Mann nach Hause. Als er da ankam, sah er ein großes Schloss. Seine Frau stand auf der Treppe und sagte: »Komm herein!« Darauf ging er mit ihr hinein, und in dem Schlosse war eine große Diele mit marmorsteinernem Boden und viele

Diener, die rissen die großen Türen auf. Die Wände glänzten von schönen Tapeten. In den Zimmern waren lauter goldene Stühle und Tische. Kristallene Kronleuchter hingen an der Decke, und in allen Stuben lagen Teppiche. Feines Essen und der allerbeste Wein standen auf den Tischen. Hinter dem Hause war ein großer Hof mit Pferde- und Kuhstall und allerbesten Kutschen. Da war auch ein prächtiger Garten mit Blumen, Obstbäumen und einem kleinen Wald. Darin waren Hirsche, Rehe und Hasen, alles, was man sich nur wünschen mag.

»Na«, sagte die Frau, »ist das nun nicht schön?« – »Ach ja«, sagte der Mann, »so soll es bleiben, wir wohnen im schönen Schloss und wollen zufrieden sein.« – »Das wollen wir uns bedenken«, sagte die Frau und dann gingen sie zu Bett.

Am andern Morgen wachte die Frau auf und sah aus ihrem Bette das herrliche Land vor sich liegen. Sie stupste ihren Mann und sagte: »Mann, guck mal aus dem Fenster! Sieh, könnten wir nicht König werden über all das Land? Geh hin zum Butt, wir wollen König sein!« – »Ach, Frau«, sagte der Mann, »ich mag nicht König sein!« – »Warum nicht?«, sagte die Frau. »Geh stracks zum Butt, denn ich will König sein.« Da ging der Mann hin und war ganz bekümmert, dass seine Frau König werden wollte. Als er an die See kam, war die See ganz schwarzgrau, das Wasser gärte so von unten herauf und roch faul. Da stellte er sich hin und rief:

»Manntje, Manntje, Timpe Te, Buttje, Buttje in der See,
meine Frau, die Ilsebill, will nicht so, wie ich es will.«

»Na, was will sie denn?«, fragte der Butt. »Ach«, sagte der Mann, »sie will König werden.« – »Geh hin, sie ist es schon«, sagte der Butt.

Da ging der Mann hin, und als er zum Schloss kam, war das viel größer geworden, hatte einen herrlichen Turm und Schildwachen standen vor dem Tor. Als er den Palast betrat, war da alles von purem Marmorstein mit Gold, samtenen Decken und großen goldenen Quasten. Da gingen die Türen vom Saal auf, in dem der ganze Hofstaat war, und seine Frau saß auf einem hohen Thron von Gold und Diamant und hatte eine große goldene Krone auf und das Zepter in der Hand von purem Gold und Edelstein, und auf jeder Seite von ihr standen sechs Jungfrauen in einer Reihe, eine immer einen Kopf kleiner als die andere. Da stellte er sich hin und sagte: »Ach, Frau, bist du nun König?« – »Ja«, sagte die Frau, »nun bin ich König.«

Als er sie so eine Zeitlang angesehen hatte, da sagte er: »Ach, Frau, was steht dir das schön, wenn du König bist! Nun wollen wir auch nichts mehr wünschen.« – »Das wollen wir uns bedenken«, sagte die Frau und war ganz unruhig. »Mann«, sagte sie, »Mir wird schon die Zeit und Weile lang, ich kann das nicht mehr aushalten. Ich bin nun König, nun will ich aber auch Papst werden, geh hin zum Butt!« – »Ach, Frau«, sagte der Mann, »was willst du denn noch? Papst kannst du nicht werden, Papst ist nur einer in der Christenheit, das kann er doch nicht machen.« – »Mann«, sagte sie, »ich will Papst werden, geh gleich hin!« – »Nein, Frau«, sagte der Mann, »das mag ich ihm nicht sagen!« – »Mann, was für ein Geschwätz«, rief die Frau, »kann er König machen, kann er auch Papst machen. Geh sofort hin! Ich bin König, und du bist bloß mein Mann, willst du wohl hingehen?«

Da kriegte er Angst und ging hin, ihm war aber ganz flau, er zitterte und bebte. Da fuhr ein Wind über das Land, und die Wolken flogen, dass es dunkel wurde wie am Abend. Das Wasser brauste, als ob es kochte, schlug an das Ufer, und weit draußen sah er die Schiffe, die auf den Wellen tanzten. Da zog ein schweres Gewitter herauf. Er stellte sich in seiner Angst ganz verzagt hin und sagte:

»Manntje, Manntje, Timpe Te, Buttje, Buttje in der See,
meine Frau, die Ilsebill, will nicht so, wie ich wohl will.«

»Na, was will sie denn?«, fragte der Butt. »Ach«, sagte der Mann, »sie will Papst werden.« – »Geh hin, sie ist es schon«, sagte der Butt.

Da ging er fort, und als er ankam, war da eine große Kirche von lauter Palästen umgeben. Innen war aber alles mit tausend Lichtern erleuchtet. Seine Frau war in lauter Gold gekleidet und saß auf einem noch viel höheren Thron und hatte drei große goldene Kronen auf. Rings um sie herum standen viele wichtige Leute, Könige lagen vor ihr auf den Knien und küssten ihr den goldenen Pantoffel.

Als er sie ansah, war das, als ob er in die helle Sonne sähe. Er sagte: »Ach, Frau, was steht dir das schön, dass du Papst bist!« Sie saß aber da so steif wie ein Baum und rüttelte und rührte sich nicht. Da sagte er: »Frau, nun sei auch zufrieden, jetzt, wo du Papst bist, jetzt kannst du doch nichts anderes mehr werden.« – »Das will ich mir bedenken«, sagte die Frau. Beide gingen zu Bett, aber sie war nicht zufrieden, die Gier ließ sie nicht schlafen. Sie dachte immer, was sie noch werden könnte.

Als die Frau im Bett die Sonne heraufkommen sah, da dachte sie: Ha, könnte ich nicht auch die Sonne und den Mond aufgehen lassen? Sie stupste ihren Mann und sagte: »Mann, wach auf, geh hin zum Butt, ich will werden wie der liebe Gott.« Der Mann war noch halb im Schlaf, aber er erschrak so, dass er aus dem Bette fiel. Er rieb sich die Augen und fragte: »Ach, Frau, was hast du gesagt?«

»Mann«, sagte sie, »wenn ich nicht die Sonne und den Mond kann aufgehen lassen, habe ich keine ruhige Stunde mehr.« Sie sah ihn so grausig an, dass ihm ein Schauer über den Rücken lief. Sie schrie: »Sofort gehst du hin, ich will werden wie der liebe Gott.« Der Mann fiel vor ihr auf die Knie: »Frau, das kann der Butt nicht. König und Papst kann er machen, aber nicht Gott.« Da kam sie in Wut, die Haare flogen ihr wild um den Kopf. Sie trat nach ihm mit dem Fuß und schrie: »Willst du wohl gleich hingehen!« Da zog er die Hosen an und rannte los wie ein Wilder.

Draußen aber ging der Sturm und brauste, dass er kaum noch auf seinen Füßen stehen konnte. Die Häuser und die Bäume wurden umgeweht, und die Berge bebten, und die Felsbrocken rollten in die See. Der Himmel war pechschwarz, und es donnerte und blitzte, und die See rollte daher in hohen schwarzen Wogen, so hoch wie Kirchtürme und Berge. Da schrie er und konnte sein eigenes Wort nicht hören:

«Manntje, Manntje, Timpe Te, Buttje, Buttje in der See,
meine Frau, die Ilsebill, will nicht so, wie ich wohl will.«

»Na, was will sie denn?«, fragte der Butt. »Ach«, sagte er, »sie will wie der liebe Gott werden.« – »Geh nur hin, sie sitzt schon wieder in dem alten Pott.« Und da sitzen sie noch bis heute und auf diesen Tag.

Gesprächs- und Spielanregungen

- Wir besprechen Fragen wie: Warum war die Frau des Fischers so gierig und konnte nie genug bekommen? Macht Geld allein glücklich?
- Warum verliert die unbescheidene Ilsebill durch immer unverschämtere Wünsche am Schluss alles, was ihr zugefallen war?
- Warum lässt der Fischer sich so herumkommandieren?
- Das Märchen lässt sich gut als Schattenspiel gestalten:
  Die Kinder setzen den Handlungsablauf mit eindrucksvollen Bildern in Szene: Der Butt, ein verzauberter Prinz, erfüllt Wünsche. Aus Bescheidenheit wird Prunk und Protz und aus einer einfachen Fischerin eine selbstherrliche Regentin mit unersättlicher Machtgier, die zuletzt den Bogen vollkommen überspannt. Ein Sprecher erzählt die Rahmenhandlung zum Schattenspiel. Die Geräusche von Meer und Sturmwind können eingespielt oder selbst erzeugt werden.

Coca Cola

Mit Gott zu Mittag gegessen

Geschichte aus England, Verfasser unbekannt

Die Geschichte erzählt von Herzenswünschen, Begegnung, Austausch, Großzügigkeit, Teilen, Offenheit, Freundlichkeit, Wertschätzung, Miteinander, Dankbarkeit, Vertrauen

Wissenswertes für die Erzählerin und den Erzähler: Diese Geschichte erzählt von einem kleinen Jungen, der den wahrhaftigen Wunsch hat, Gott zu treffen. Er startet seine Suche arglos und offenherzig. Er trifft eine alte Frau, die viel Liebenswürdigkeit ausstrahlt. Die zwei kommen sich nahe, ohne große Worte. Beide fühlen sich angenommen und wertgeschätzt. Ihr gegenseitiges Vertrauen ist spontan da. Sie erleben beide auf ihre Art: Herzens-Wünsche werden wahr.

Das Band einer unsichtbaren Wahrheit
kann stärker sein als das,
was für die Augen sichtbar ist.

Es war einmal ein kleiner Junge, der unbedingt Gott treffen wollte. Er war sich bewusst, dass der Weg zu dem Ort, an dem Gott lebte, ein sehr langer war. Also packte er sich einen Rucksack voll mit Coladosen und Schokoriegeln und machte sich auf die Reise.

Er lief eine ganze Weile und kam in einen kleinen Park. Dort sah er eine alte Frau, die auf einer Bank saß und den Tauben zuschaute, die vor ihr auf dem Boden nach Futter suchten. Der kleine Junge setzte sich zu der Frau auf die Bank und öffnete seinen Rucksack. Er wollte sich gerade eine Cola herausholen, als er den hungrigen Blick der alten Frau sah. Also griff er zu einem Schokoriegel und reichte ihn der Frau.

Dankbar nahm sie die Süßigkeit und lächelte ihn an. Und es war ein wundervolles Lächeln! Der kleine Junge wollte dieses Lächeln noch einmal sehen und bot ihr auch eine Cola an. Und sie nahm die Cola und lächelte wieder – noch strahlender als zuvor. Der kleine Junge war selig.

Die beiden saßen den ganzen Nachmittag lang auf der Bank im Park, aßen Schokoriegel und tranken Cola – aber sprachen kein Wort.

Als es dunkel wurde, spürte der Junge, wie müde er war, und er beschloss, zurück nach Hause zu gehen. Nach einigen Schritten hielt er inne und drehte sich um. Er ging zurück zu der Frau und umarmte sie. Die alte Frau schenkte ihm dafür ihr allerschönstes Lächeln.

Zu Hause sah seine Mutter die Freude auf seinem Gesicht und fragte: »Was hast du denn heute Schönes gemacht, dass du so fröhlich aussiehst?«

Und der kleine Junge antwortete: »Ich habe mit Gott zu Mittag gegessen – und sie hat ein wundervolles Lächeln!«

Auch die alte Frau war nach Hause gegangen, wo ihr Sohn schon auf sie wartete. Auch er fragte sie, warum sie so fröhlich aussah. Und sie antwortete: »Ich habe mit Gott zu Mittag gegessen – und er ist viel jünger, als ich gedacht habe.«

Gesprächs- und Spielanregungen

- Wir teilen Essen zusammen.
- Wir füttern Tauben im Park.
- Wir zeichnen die Begegnung des Jungen mit der alten Frau. Wer trifft ihr Lächeln und ihre Fröhlichkeit am besten? Wer malt die Tauben? Wer den Park?
- Warum waren die beiden so beglückt und fröhlich?
- Wir singen den Kanon »Froh zu sein bedarf es wenig und wer froh ist, ist ein König«.
- Wir überlegen: Was macht mich glücklich und froh?
- Mit wem könnte ich etwas teilen, um ihm eine Freude zu machen?
- Bei wem haben sich Herzens-Wünsche auch schon erfüllt? Welche? Wie fühlte sich das an?
- Wo begegne ich Gott? In biblischen Geschichten, in der Schöpfung, im Gebet, in einem Freund, einer Freundin?

Mit jedem Kind, das dir begegnet,
ertappst du Gott auf
frischer Tat.

Martin Luther

Geräusch der Grille – Geräusch des Geldes

Geschichte von Frederik Hetmann

Die Geschichte erzählt von Freundschaft, Achtsamkeit, Konzentration, Respekt, Zuhören und Hinhören können, Wertschätzung für die kleinen Dinge
Wissenswertes für die Erzählerin und den Erzähler: Die Geschichte weist darauf hin, dass unsere Aufmerksamkeit nicht allein von einer guten Sinneswahrnehmung abhängt, sondern von dem, worauf wir unsere Sinne richten! Wir nehmen nur die Dinge wahr, denen wir unsere innere Achtsamkeit und unseren Respekt entgegenbringen. Viele Menschen sind heute besonders am Geräusch des Geldes interessiert und beachten all das Schöne unseres Planeten nicht. Hans Christian Andersen wirbt für den Klang der Natur:

Leben allein genügt nicht, sagte der Schmetterling, Sonnenschein, Freiheit und eine kleine Blume muss man haben.

Eines Tages verließ ein Indianer das Reservat und besuchte einen weißen Mann, mit dem er befreundet war.

In einer großen Stadt zu sein – mit all dem Lärm, den Autos und den vielen Menschen, die es alle so sehr eilig haben, war neuartig und recht verwirrend für den Indianer.

GREENP

Der rote und der weiße Mann gingen die Straße entlang, als plötzlich der Indianer seinem Freund auf die Schulter tippte und sagte: »Bleib doch einmal stehen. Hörst du auch, was ich höre?«

Der weiße Mann antwortete: »Alles, was ich höre, ist das Hupen der Autos und das Rattern der Omnibusse. Und dann freilich auch die Stimmen und das Geräusch der Schritte vieler Menschen. Was ist es denn, was dir besonders aufgefallen ist?«

»Nichts von alledem, aber ganz in der Nähe höre ich eine Grille zirpen.«

Der weiße Mann horchte. Dann schüttelte er den Kopf. »Du musst dich täuschen, Freund«, sagte er; »hier gibt es keine Grillen. Und selbst, wenn es hier irgendwo eine Grille gäbe, würde man doch ihr Zirpen bei dem Lärm nicht hören können.«

Der Indianer ging ein paar Schritte. Vor einer Hauswand blieb er stehen. Wilder Wein rankte an der Mauer. Er schob die Blätter auseinander und da – sehr zum Erstaunen des weißen Mannes – saß tatsächlich eine Grille, die laut zirpte. Nun, da der weiße Mann die Grille sehen konnte, nahm er auch das Geräusch wahr, das sie von sich gab.

Als die beiden Männer weitergegangen waren, sagte der Weiße nach einer Weile: »Freilich hast du die Grille hören können. Dein Gehör ist besser geschult als meines. Indianer hören eben einfach besser als Weiße.« Der Indianer lächelte, schüttelte den Kopf und erwiderte: »Du täuschst dich, mein Freund. Das Gehör eines Indianers ist nicht besser und nicht schlechter als das eines weißen Mannes. Pass auf, ich will es dir beweisen.« Er griff in die Tasche, holte ein 50-Cent-Stück heraus und warf es auf das Pflaster.

Es klimperte auf dem Asphalt, und die Leute, die mehrere Meter von dem weißen und dem roten Mann entfernt gingen, wurden auf das Geräusch aufmerksam und sahen sich um. Endlich hob einer von ihnen das Geldstück auf, steckte es ein und ging weiter.

»Siehst du«, sagte der Indianer, »das Geräusch, das die Münze gemacht hat, war nicht lauter als das der Grille, und doch hörten es viele der weißen Frauen und Männer und drehten sich um, während das Geräusch der Grille niemand hörte außer mir. Es stimmt nicht, dass das Gehör der Indianer besser ist als das der weißen Männer. Der Grund liegt darin, dass wir alle stets das gut hören können, worauf wir zu achten gewohnt sind.«

Spielanregungen

- Wir testen: Was können unsere Ohren hören? Wir schließen die Augen und erzeugen Geräusche und Klänge mit Gegenständen, die wir auf den Tisch oder den Boden klopfen, zusammenschlagen, gegeneinander reiben usw. Wer kann die Geräusche erkennen? Womit werden sie erzeugt?
- Wir setzen uns in den Garten, auf eine Wiese oder an einen Waldrand, schließen die Augen, werden ganz still und lauschen den Klängen der Natur um uns herum. Nach zwei, drei Minuten tauschen wir das Gehörte aus. Wer hat den Vogel auch gehört, das Summen der Biene, die Kirchenglocke, das Flugzeug, den bellenden Hund, das Plätschern des Brunnens usw.?

In seinen Empfehlungen für das neue Jahrtausend ermutigt uns der Dalai Lama unter anderem:

Gehe sorgsam mit der Erde um.
Begib dich einmal im Jahr an einen Ort,
an dem du noch nie gewesen bist.

Der barmherzige Samariter

Biblische Geschichte aus dem Neuen Testament,
erzählt von Vreni Merz

Die Geschichte erzählt von Hartherzigkeit/Mitgefühl, Bequemlichkeit, Gleichgültigkeit/Hilfsbereitschaft, Mut, Großzügigkeit, Verantwortungsbewusstsein, Vorurteilen/Menschlichkeit
Wissenswertes für die Erzählerin und den Erzähler: Wer hätte gedacht, dass ausgerechnet jener hilft, von dem man es am wenigsten erwartet hätte? Für uns stellt sich die Frage: Wer ist eigentlich mein Nächster? Wie sieht es mit meiner Hilfsbereitschaft aus? Bin ich für andere da und helfe ihnen, wenn sie Hilfe nötig haben, oder schaue ich lieber weg?

Tatenlos zusehen, heißt mitschuldig werden.

Eines Tages kam ein kluger Mann zu Jesus. Er war Gesetzeslehrer und stellte ihm viele Fragen. »Was muss ich tun, um ein guter Mensch zu sein?«, wollte er wissen.

Da erzählte ihm Jesus diese Geschichte: »Ein Mann ging von Jerusalem hinab nach Jericho. Auf dem Weg wurde er von Räubern überfallen. Sie plünderten ihn aus und schlugen ihn nieder. Halb tot ließen sie ihn liegen. Dann rannten sie davon.

Zufällig kam ein Priester des Weges, ein Mann, der im Tempel den Gottesdienst feierte. Der Priester sah den Mann. Dann schaute er schnell weg und ging weiter.

Auch ein Levit kam an diesem Platz vorbei. Das ist einer, der mithilft bei den Gottesdiensten. Auch er sah den verwundeten Mann – und schaute weg. Und ging weiter.

Jetzt kam ein Mann aus Samarien, der auf der Reise war. Doch von Leuten aus Samarien erwartete niemand etwas Gutes. Nein, die Samariter mochte man nicht. Dieser aber sah den Ausgeplünderten, wie er blutend am Boden lag. Er schaute ihn an und hatte Mitleid. Sofort ging er auf ihn zu, goss Öl auf seine Wunden, nahm Verbandstoff aus der Reisetasche und pflegte ihn liebevoll. Dann hob er ihn auf sein Reittier und brachte ihn in eine Herberge. Dort blieb er bei ihm und sorgte für ihn – er, der Samariter. Am andern Tag nahm er Geld aus der Tasche – zwei Denare. Das ist viel Geld. Er gab es dem Wirt und sagte: ›Da, nimm – und sorge für den Kranken. Wenn du noch mehr brauchst, zahle ich es dir auf dem Rückweg. Ich komme hier vorbei.‹«

Gesprächs- und Spielanregungen

- Lassen Sie Ihr Kind nochmals aufzählen, was der Samariter alles getan hat. Sprechen Sie mit ihm darüber, dass ausgerechnet der Samariter ein guter Mensch war und dem Verletzten geholfen hat.
- Lassen Sie Ihr Kind selbst »Samariter« sein: Es darf Sie mit einer Mullbinde verbinden – oder mit einem Pflaster »verarzten«.
- Wer versucht in den nächsten Tagen jemandem zu helfen oder eine Freude zu machen? Wer mag kleine Geschenke basteln und verschenken, Mandalas oder Zeichnungen malen oder im Haushalt helfen? Wer bäckt für die Oma einen Kuchen? Wer erzählt einem Kranken eine Geschichte oder singt ihm ein Lied?
- Wir überlegen gemeinsam: Gibt es in meiner Gruppe im Kindergarten oder in der Schule ein Kind, das ausgestoßen oder gemobbt wird? Sind andere Kinder gemein zu ihm, ärgern es grundlos mit Worten und mit Taten, greifen es an oder schikanieren es, weil es vielleicht ängstlich ist,

keine Markenkleidung trägt oder weil es klein und schwächer ist als der Durchschnitt?

- Wie und was kann ich dagegen tun? Bin ich so mutig wie der Samariter und helfe ihm, gegen den Druck der anderen?

Aus Kindermund: Was ist Mut? Wann ist jemand mutig?

Im Märchen und in dieser biblischen Geschichte sind die Helden mutig. Sie schauen der Gefahr direkt ins Auge und überwinden diese manchmal mit List, Klugheit, Kraft und großherzigen Taten. Wir haben gefragt: Wie erleben Grundschulkinder Mut im Alltag?

- Man ist mutig, wenn man seine eigene Meinung auch dann noch vertritt, wenn alle anderen eine andere Meinung zu dem Thema haben!
- Ich denke, es gibt verschiedene Arten von Mut, den, den man zeigt, wenn man seine Meinung vertritt, sich für andere einsetzt oder sich traut, etwas Unangenehmes zu fragen, und es gibt den Mut, etwas Neues zu versuchen, z.B. das erste Mal vom Sprungturm ins Schwimmbecken zu springen.
- Mut ist, wenn jemand zugeben kann, dass er etwas nicht kann!
- Ich finde es ist mutig, wenn man jemand Schwächeren verteidigt.
- Mutig ist, wenn jemand seine Ängste eingesteht und nicht davonläuft.
- Man ist mutig, wenn man sich traut, ehrlich zu sein.
- Mut ist, wenn man jemandem hilft, der in Not ist, auch wenn man weiß, dass das für einen selber eine Gefahr sein kann.
- Mut heißt für mich nicht kneifen, nicht feige sein, auch mal nein sagen!

Das Zauberfass

Märchen aus China

Das Märchen erzählt von Gier, Maßlosigkeit/dem Sinn für das rechte Maß, Dankbarkeit, Zufriedenheit, Hartherzigkeit, Konsequenzen

Wissenswertes für die Erzählerin und den Erzähler: Viele Menschen handeln maßlos und gierig. Sie wollen immer mehr und sehen nur ihren Vorteil. Sie sind rücksichtslos anderen gegenüber. Auf recht drastische Weise erzählt das Märchen davon, dass wir uns der Konsequenzen bewusst sein sollten, die unser Handeln hat.

Dieses chinesische Sprichwort erzählt von »Rechtem Handeln«:

Glück ist das Einzige,
was sich verdoppelt,
wenn man es teilt!

Im Land der Mitte grub ein Mann einmal auf seinem Acker ein großes irdenes Fass aus. Er nahm es mit nach Hause und sagte zu seiner Frau: »Mach es sauber.« Als nun die Frau mit einer Bürste das Fass innen schrubbte, war plötzlich das ganze Fass voll Bürsten. So viele man auch herausnahm, es kamen immer neue nach. Da verkaufte der Mann die Bürsten und die Familie konnte davon gut leben.

Eines Tages fiel aus Versehen ein Geldstück in das Fass. Die Bürsten verschwanden im Nu und das Fass füllte sich mit Geld-

stücken. Die Familie war nun reich; sie konnte so viel Geld aus dem Fass holen, wie sie wollte!

Im Haus des Mannes wohnte auch sein alter Großvater, der war schwach und zittrig. Der Mann stellte ihn ans Fass und von da an musste der Alte die Geldstücke aus dem Fass in große Körbe schaufeln. Wenn der Großvater müde wurde, schrie ihn der Mann böse und zornig an! Eines Tages verließen den Alten alle Kräfte und er fiel kopfüber ins Fass und starb auf der Stelle.

Im Nu war das Geld verschwunden, und das Fass füllte sich mit toten Großvätern. Die musste der Mann alle herausziehen und begraben lassen. Dafür brauchte er das ganze Geld, das er bekommen hatte, wieder auf. Als er fertig war, zerbrach das Fass, und die Familie war so arm wie zuvor.

Gesprächs- und Spielanregungen

- Wer möchte auch ein Zauberfass? Wo könntest du es finden?
- Was sollte es »ausspucken«? Was würdest du damit machen?
- Geht es dir auch manchmal so, dass du mit etwas gar nicht mehr aufhören möchtest? Hast du schon erlebt, dass du hinterher die Konsequenzen gespürt hast (z.B. weil du nach einer Tüte Gummibärchen Bauchschmerzen hattest)?

Der Holzvogel

Geschichte von Sorbas Lotz

Das Märchen erzählt von Neid, Stehlen/Freigiebigkeit, Traurigkeit/Zuwendung, Alleinsein/Zugehörigkeit, Verständnis, Verzeihen, Einsicht, Wiedergutmachen, Freundschaft

Wissenswertes für die Erzählerin und den Erzähler: Diese Geschichte zeigt uns, wie wichtig eine Familie oder Gemeinschaft ist, in der wir angenommen und geliebt werden um unserer selbst willen. Der alte Mann in der Geschichte hatte nie ein glückliches Zuhause, war immer allein und fühlte sich ausgestoßen. In seinem ganzen Leben hatte er nie ein Geschenk erhalten, darum begann er die Spielsachen der Kinder zu stehlen. Durch Hannah und den Holzvogel wird er erlöst. Er findet ein Zuhause und Freunde und entdeckt sogar:

Geben macht seliger als nehmen.

Hannah wohnte in einem großen, alten Kinderhaus am Stadtrand. Hier leben Kinder, die nicht mehr bei ihren Eltern wohnen können. Das passiert zum Beispiel manchmal, wenn die Eltern sehr krank sind. Hannah kannte ihre Eltern nicht. Sie hatte nur eine Großmutter. So lange sie denken konnte, waren die Kinder aus dem Kinderhaus, die Kinderhaus-Mutter Rita, der Kinderhaus-Vater Zacharias und die Köchin Bianca ihre Familie.

Eines Tages, es war im Juli, da geschah etwas Seltsames: Das Spielzeug im Kinderhaus fing an zu verschwinden. Der kleine Max zum Beispiel hatte vor zwei Monaten ein hellgrünes Skateboard zum Geburtstag geschenkt bekommen. Jeden Abend lehnte er es an das Fußende seines Bettes, damit er es beim Aufwachen gleich sehen konnte. Eines Morgens war das Skateboard jedoch einfach weg!

Der 14-jährige Govinda musste feststellen, dass seine ganze Dino-Sammlung verschwunden war, alle zweiunddreißig Figuren. Auch die Spielsachen der Mädchen verschwanden. Hannah hatte eine wunderschöne Puppenstube, die das Haus der sieben Zwerge darstellte. Hannahs Großmutter hatte alle sieben Zwerge selbst gebastelt und sieben Betten aus Lebkuchenschachteln gebaut. Hannah hatte mit Nathalie im Garten gespielt und als sie wieder in ihr Zimmer kam, war ihre Puppenstube nicht mehr da. Einen Tag später waren Nathalies Barbiefiguren nicht mehr auffindbar. Nach und nach verschwanden immer mehr Spielzeuge: Tischtennisschläger, Wachsmalstifte, Hula-Hoop-Reifen ... Wer hatte alle die Dinge genommen – war es eines der Kinder? Rita und Zacharias sprachen mit jedem Einzelnen, doch keines wusste, wer die Sachen gestohlen hatte.

Schließlich sagte eines Tages die Köchin Bianca: »Wer die Spielsachen findet, bekommt von mir einen großen Topf mit gebrannten Mandeln!« Bianca wusste ganz genau, dass die Kinder im Kinderhaus gern gebrannte Mandeln aßen, denn die gab es nur im Winter. Dass Bianca im Sommer gebrannte Mandeln machen wollte, war schon etwas ganz Besonderes. Die Jungen und Mädchen suchten im Haus und im Garten, sogar im Baumhaus – doch niemand fand etwas.

Hannah wollte vielleicht noch mehr als alle anderen Kinder ihre Spielsachen finden, denn ihre sieben Zwerge hatte schließlich ihre Großmutter gebastelt. Wenn Max genug Geld gespart hatte, konnte er sich ein neues Skateboard kaufen. Aber Hannahs Spielsachen gab es nur ein einziges Mal auf der Welt.

Auf der Suche nach ihrem Puppenhaus kletterte Hannah sogar auf den Dachboden, wo es noch einen kleinen Raum gab, in dem bisher keiner gesucht hatte. In diesem Raum war nichts, außer ganz vielen Spinnenweben und einer großen alten Holztruhe. Die Kinder nannten die Truhe Verkleiderkiste, weil in ihr alte Kleider und Anzüge lagen, mit denen man sich verkleiden konnte. Neugierig durchstöberte Hannah die Truhe. Sie fand ein durchlöchertes weißes Gespensterkostüm, ein rotes Mädchenkleid und sogar einen Cowboyhut.

Unter all diesen Sachen entdeckte sie einen Vogel aus Holz. Der Holzvogel war mit der Hand geschnitzt, das sah Hannah sofort, und er war sehr schön bemalt. Er sah aus, als ob er jeden Moment losfliegen wollte. Als Hannah den Holzvogel näher betrachtete, entdeckte sie, dass man den Kopf abziehen konnte. Der Körper des Vogels war ein Geheimversteck, in dem ein kleines gerolltes Papier lag. Sie zog es heraus und wickelte es vorsichtig auf. Es war ein altes Schwarzweißfoto. Hannahs Herz schlug wild. Sie hatte das Gefühl, ein wunderbares Geheimnis entdeckt zu haben. Auf dem Foto war eine Frau mit einer Kochschürze zu sehen. Sie lachte und hielt vor sich einen riesigen Apfelkuchen. Von da an war der Vogel Hannahs Lieblingsspielzeug. Und weil sie Angst hatte, er könnte auch noch gestohlen werden, trug sie ihn stets bei sich.

Alle Kinder im Kinderhaus waren sehr traurig, weil ihre Spielsachen auch weiterhin verschwunden blieben. Viele hatten die Hoffnung aufgegeben, sie jemals wiederzusehen. Tage nach der großen Suchaktion musste Hannah in den Keller, um Bretter für den neuen Kaninchenstall zu holen, der repariert werden sollte. Kein Kind ging gerne in den Keller, da man eine steile Treppe ohne Licht hinuntersteigen musste. Auch Hannah ging nicht gerne in den Keller. Es war kalt und ungemütlich hier. Sie lief schnell zu dem Raum, wo das Holz gelagert wurde. Sie wollte rasch die Bretter nehmen und so schnell wie möglich wieder nach oben.

Plötzlich hörte sie ein Geräusch. Hannah erschrak ein bisschen. Manchmal gab es Mäuse hier unten im Keller. Doch dieses Geräusch hörte sich nicht nach Mäusen an, es war eher so, als ob jemand weinte.

Hannah ging vorsichtig ein paar Schritte weiter. Vor ihr lag der große Berg aus Holz und alten Möbeln. War da hinten, hinter dem alten Kleiderschrank, nicht Kerzenlicht zu sehen? Hannahs Augen hatten sich an die Dunkelheit gewöhnt. Mit klopfendem Herzen schlich sie die Wand entlang. Das Geräusch wurde lauter. Es hörte sich wirklich nach Weinen an.

Als Hannah den alten Kleiderschrank erreichte, lugte sie ganz vorsichtig um die Ecke – und traute ihren Augen nicht. Hinter dem alten Schrank befand sich eine kleine Nische, die ganz im Verborgenen lag. Die Nische war so groß wie ein kleines Zimmer. Überall waren brennende Kerzen aufgestellt und zwischen all den Kerzen stand das Spielzeug aus dem Kinderhaus. In der Mitte des kleinen Zimmers saß ein alter Mann mit einem weißen Bart. Er hockte auf dem hellgrünen Skateboard von Max und weinte.

Was muss das für ein böser Mann sein, wenn er unser ganzes Spielzeug gestohlen hat, dachte Hannah mit gerunzelter Stirn. Doch dann überlegte sie: Würde ein böser Mensch weinen? Den Holzvogel ganz fest an sich gedrückt, denn er war ihr Glücksbringer geworden, nahm sie all ihren Mut zusammen und fragte den alten Mann: »Warum weinst du?«

Der alte Mann drehte sich erschrocken um, schlug die Hände vors Gesicht und weinte noch lauter. Er weinte so sehr, dass er kein Wort herausbrachte.

Hannah entdeckte unter all den Spielsachen ihre Puppenstube. »Warum hast du bloß all die Spielsachen gestohlen?«, fragte Hannah den alten Mann entrüstet.

Schluchzend jammerte er: »Mir hat nie jemand eins gegeben. Mir hat nie jemand eins gegeben ...« Hannah konnte ihn kaum verstehen, weil er so weinte. Sie ärgerte sich jetzt sehr über den Alten, schließlich hatte er all das Spielzeug gestohlen. »Was hat dir niemand gegeben?«, fragte sie ungeduldig. Der alte Mann wischte sich mit der Spitze seines weißen Bartes die Tränen aus den Augen und schnäuzte in ein Taschentuch, das ganz viele Löcher hatte.

»Ein Geschenk! Ich habe in meinem ganzen Leben nie ein einziges Geschenk bekommen!« Er blickte Hannah zum ersten Mal direkt an und Hannah sah die Traurigkeit in seinen Augen. »Weißt du, als ich ein kleines Kind war, habe ich auch in diesem Haus gewohnt. Damals hieß es noch nicht Kinderhaus, sondern Waisenhaus. Damals hatten wir nicht solche Spielsachen wie ihr heute. Und ich hatte sowieso kein einziges Spielzeug. Mir hat niemand eins geschenkt. Ich habe nie ein einziges Geschenk bekommen. Auch als ich ein erwachsener Mann war, habe ich kein einziges Geschenk bekommen!« Und er begann wieder zu weinen.

»Das ist schrecklich«, gab Hannah zu. »Aber deswegen kannst du uns doch nicht all unsere Spielsachen stehlen!«

Der alte Mann krallte seine Hände verzweifelt um das hellgrüne Skateboard von Max und sagte mit zusammengebissenen Zähnen: »Ich will auch einmal etwas Schönes, das mir gehört!«

»Aber was willst du denn mit einem Skateboard? Du hast doch schon einen weißen Bart.« Der alte Mann sah wohl ein, dass er mit den Spielsachen eigentlich nichts anfangen konnte, und fing wieder an zu weinen.

Da hatte Hannah plötzlich eine Idee. Sie sagte: »Ich habe ein Geschenk für dich. Wenn ich es dir gebe, bekommen dann die Kinder ihre Spielsachen wieder?«

»Du hast ein Geschenk für mich?«, fragte der alte Mann erstaunt. »Ich habe etwas ganz Tolles. Es ist das Schönste, was ich

jemals gefunden habe. Ich schenke es dir, wenn du mir versprichst, den Kindern ihre Spielsachen wiederzugeben.« Der alte Mann sah Hannah lange an und schnäuzte sich wieder die Nase. »Einverstanden. Ich verspreche es!«, sagte er.

Hannah holte feierlich den Holzvogel hervor und reichte ihn dem alten Mann. Als dieser den Holzvogel sah, riss er seine Augen auf. Hannah streckte ihre Hand aus und es war fast so, als flöge der Vogel von selbst in die Hand des alten Mannes. Seine Hand zitterte, als er ihn entgegennahm. »Das ist ein ganz besonderer Vogel«, sagte Hannah. »Du kannst seinen Kopf abziehen. In dem Vogel ist ein Geheimversteck. Sieh dir mal das Foto an, das ich darin gefunden habe.«

Als der alte Mann das Foto erblickte, fing er wieder an zu weinen. Doch diesmal waren es andere Tränen – Tränen der Freude. »Ich kenne diese Frau«, flüsterte er. »Du kennst sie?« Hannah konnte es kaum glauben. Der Alte sah Hannah an, und seine Augen leuchteten. »Ja. Die Frau auf dem Foto ist meine Mama!«, sagte er.

Hannah blieb noch lange bei dem alten Mann im Holzkellerraum und erlebte noch mehr Überraschungen. »Den Holzvogel habe ich als kleiner Junge selbst geschnitzt.« Er ging und holte einen Karton, in dem er viele weitere Figuren aufbewahrte.

Hannah und der alte Mann entwickelten einen Plan. Sie wollten in das Wohnzimmer des Kinderhauses schleichen und das ganze verschwundene Spielzeug dorthin bringen. Außerdem sollte jedes Kind eine Holzfigur bekommen, die der alte Mann geschnitzt hatte.

Am nächsten Morgen versteckten sich Hannah und der alte Mann hinter einem Vorhang. Als die Kinder schließlich ins Wohnzimmer kamen und all ihre Spielsachen wiedersahen, war die Freude riesengroß. Doch noch mehr als über ihre eigenen Spielsachen freuten sich die Kinder über die Holzfiguren: kleine Kobolde, lustige Zwerge, geheimnisvolle Zauberer und noch viele mehr. Jede Figur sah anders aus. Die Kinder begannen sofort mit den Holzfiguren zu spielen und wollten gar nicht mehr damit aufhören.

Hannah brachte den alten Mann zum Kinderhaus-Vater Zacharias und erzählte ihm die ganze Geschichte. Zacharias war von den Holzfiguren so begeistert, dass er den alten Mann als Hausmeister und Holzfiguren-Schnitzer einstellte. Als die Köchin Bianca alle Kinder glücklich mit ihren Holzfiguren spielen sah, machte sie zur Feier des Tages gebrannte Mandeln.

Der alte Mann setzte sich neben Hannah und zupfte an ihrem Ärmel. »Weißt du, was ich durch dich gelernt habe? Es ist etwas Wunderschönes, wenn man ein Geschenk bekommt – aber noch viel schöner ist es, wenn man selber Geschenke macht!« Hannah lächelte und der alte Mann lächelte auch.

Spielanregung

- Wir versuchen aus Holz einen Vogel zu schnitzen, aus Papier einen Vogel zu falten oder einen Vogel aus Ton zu modellieren. Damit die Vögel schön bunt aussehen, bemalen wir diese. Sie eignen sich als kleine Geschenke für Menschen, die wir lieben. Wenn wir auf dem Rücken eine Schlaufe anbringen und sie daran an einen Ast hängen, entsteht ein märchenhafter Vogelbaum.

Die Gans und das goldene Ei

Einer Fabel von Aesop nacherzählt

Die Fabel erzählt von Gier/Dankbarkeit, Zufriedenheit, Ungeduld, Unvernunft, Verantwortungslosigkeit, Kurzsichtigkeit/Weitblick
Wissenswertes für die Erzählerin und den Erzähler: O Wunder, die Gans legt dem Bauern dreimal ein goldenes Ei. Anstatt dankbar zu sein, wird er ungeduldig. Er kann nicht auf das nächste Ei warten und schneidet ihr den Bauch auf. Das ruiniert den Bauer, denn die Gans ist tot. Ein chinesisches Sprichwort sagt:

Der Narr tut,
was er nicht lassen kann,
der Weise lässt,
was er nicht tun kann.

Es war einmal ein armer Bauer, dessen einziger Besitz war eine graue Gans. Der Bauer lebte mit der grauen Gans und seiner Familie in tiefer Armut. Doch eines Tages traf ihn eine Glückssträhne. Die graue Gans legte ganz unerwartet und zur Überraschung aller am frühen Morgen ein Ei aus reinem Gold. Der Bauer betrachtete es von allen Seiten und wog es in der hohlen Hand. Dann rannte er so schnell er konnte zum Markt.

Dort verkaufte er das wertvolle Ei. Von dem Erlös kaufte er Lebensmittel für seine Familie.

Am nächsten Tag legte die graue Gans ganz unerwartet und zur Überraschung aller am frühen Morgen ein zweites goldenes Ei. Wieder rannte der Bauer zum Markt und verkaufte das wertvolle Ei. Von dem Erlös des goldenen Eis kaufte er Nahrung und Kleider für seine Familie.

Am dritten Tag legte die graue Gans am frühen Morgen das dritte goldene Ei. Der Bauer rannte wieder zum Markt und verkaufte das wertvolle Ei. Von dem Erlös kaufte er Süßigkeiten und Spielzeug für seine Kinder und für sich einen neuen Anzug, neue Schuhe und eine goldene Armbanduhr und sogar eine Perlenhalskette für seine Frau.

In der Nacht nach diesem dritten Tag träumte er von so vielen Wünschen, dass er den nächsten Morgen mit dem nächsten Ei nicht mehr erwarten konnte. Er dachte: »Wieso soll ich warten und nur ein Ei pro Tag erhalten? Wenn ich die Gans aufschneide und im Bauch nachsehe, werde ich sicherlich auf einen Streich viele goldene Eier erhalten!« Und das tat er dann auch. Er schnitt der grauen Gans den Bauch auf und suchte und suchte nach goldenen Eiern. Doch so viel er auch suchte, er fand kein einziges Ei! Da wurde er sehr traurig, denn die graue Gans war tot, und er blieb ohne goldene Eier zurück. Ohne die graue Gans waren der Bauer und seine Familie jetzt noch ärmer als zuvor.

Spielanregungen

- Wer malt die graue Gans mit ihren drei Goldeiern?
- Wer bastelt das schönste Goldei?
- Wir spielen mit einem gelben Tennisball »goldenes Ei verstecken«. Der Spielleiter versteckt das Ei, die anderen dürfen es suchen. Wer das Ei findet, ist der neue Spielleiter, und das Suchen beginnt von neuem.

Frau Holle

Märchen aus der Sammlung der Gebrüder Grimm

Das Märchen erzählt von sorgsamem Umgang mit Dingen, Pflanzen und Lebewesen, Verantwortungsgefühl, Fleiß/Faulheit, Freude am Beitragen und sinnvollen Tun, Hilfsbereitschaft/Spekulieren auf Belohnung, Hartherzigkeit/Freundlichkeit, Angst/Mut, längerfristigen Konsequenzen
Wissenswertes für die Erzählerin und den Erzähler: Dass es schneit, wenn Frau Holle die Kissen ausschüttelt, wird den Kindern auch heute erzählt. Das Springen in den Brunnen, um die Reise in die »Anderswelt« anzutreten, ist ein uraltes Märchensymbol. Dort spinnt Frau Holle die Fäden des Schicksals. In ihrem Reich müssen das ungeliebte und das geliebte Mädchen Prüfungen bestehen. Goldmarie wird für ihre gute Arbeit belohnt und Pechmarie für ihre Faulheit bestraft. Das Märchen zeigt: Jede Handlung beeinflusst unser Leben und kann über Glück oder Unglück entscheiden.

Was du säst, das wirst du ernten.

Eine Witwe hatte zwei Töchter, davon war die eine schön und fleißig, die andere hässlich und faul. Sie hatte aber die hässliche und faule viel lieber, weil das ihre rechte Tochter war. Die andere musste alle Arbeit tun und das Aschenputtel im Hause sein. Das geplagte Mädchen musste sich täglich zu einem Brunnen setzen und so viel spinnen, dass ihm das Blut aus den Fingern sprang.

Nun trug es sich zu, dass die Spule einmal ganz blutig war, da bückte es sich und wollte sie im Brunnen abwaschen. Die Spule sprang ihm aus der Hand und fiel hinab. Es weinte, lief zur Stiefmutter und erzählte ihr das Unglück. Sie schalt es heftig und sprach: »Du hast die Spule fallen lassen, hol sie wieder herauf.«

Da ging das Mädchen zu dem Brunnen zurück und wusste nicht ein und aus. In seiner Herzensangst sprang es in den Brunnen hinein, um die Spule zu holen. Es verlor die Besinnung, und als es erwachte und wieder zu sich selber kam, war es auf einer schönen Wiese, wo die Sonne schien und viele tausend Blumen standen.

Auf dieser Wiese ging das Mädchen fort und kam zu einem Backofen, der war voller Brot; das Brot aber rief: »Ach, zieh mich raus, zieh mich raus, sonst verbrenn ich: Ich bin schon längst ausgebacken.« Da holte es mit dem Brotschieber alle heraus. Danach ging es weiter und kam zu einem Baum, der hing voll Äpfel und rief ihm zu: »Ach, schüttle mich, schüttle mich, meine Äpfel sind alle reif.« Da schüttelte es den Baum, dass die Äpfel fielen. Es schüttelte, bis keiner mehr oben war; und als es alle in einen Haufen zusammengelegt hatte, ging es wieder weiter.

Endlich kam es zu einem kleinen Haus, daraus guckte eine alte Frau, weil sie aber so große Zähne hatte, ward ihm angst, und es wollte fortlaufen. Die alte Frau aber rief ihm nach: »Was fürchtest du dich, liebes Kind? Bleib bei mir, wenn du alle Arbeit im Hause ordentlich tust, soll es dir gut gehen. Gib nur Acht, dass du mein Bett gut machst und es fleißig schüttelst. Wenn die Federn fliegen, dann schneit es auf der Welt; ich bin die Frau Holle.«

Weil die Alte ihm so gut zusprach, so fasste sich das Mädchen ein Herz, willigte ein und begab sich in ihren Dienst. Es besorgte auch alles nach ihrer Zufriedenheit und schüttelte ihr das Bett immer gewaltig, auf dass die Federn wie Schneeflocken umherflogen; dafür hatte es auch ein gutes Leben bei ihr, kein böses Wort und alle Tage Gesottenes und Gebratenes.

Nun war es eine Zeitlang bei der Frau Holle, da ward es traurig und wusste anfangs selbst nicht, was ihm fehlte, endlich merkte es, dass es Heimweh war. Obgleich es ihm hier vieltausendmal besser ging als zu Hause, hatte es doch ein Verlangen dahin. Endlich sagte es zu ihr: »Ich habe Sehnsucht nach Haus gekriegt, auch wenn es mir hier unten gut geht, kann ich nicht länger bleiben. Ich muss wieder hinauf zu den Meinigen.«

Die Frau Holle sagte: »Es gefällt mir, dass du wieder nach Haus verlangst, und weil du mir so treu gedient hast, so will ich dich selbst wieder hinaufbringen.« Sie nahm es bei der Hand und führte es vor ein großes Tor. Das Tor ward aufgetan, und wie das Mädchen darunter stand, fiel ein gewaltiger Goldregen, und alles Gold blieb an ihm hängen, sodass es über und über davon bedeckt war. »Das sollst du haben, weil du so fleißig gewesen bist«, sprach Frau Holle und gab ihm auch die Spule wieder, die ihm in den Brunnen gefallen war. Darauf schloss sich das Tor und das Mädchen befand sich oben auf der Welt, bei seiner Mutter Haus; als es in den Hof kam, saß der Hahn auf dem Brunnen und rief:

»Kikeriki, unsere Goldmarie ist wieder hier!«

Da ging es hinein zu seiner Mutter, und weil es so mit Gold bedeckt ankam, ward es von ihr und der Schwester gut aufgenommen. Das Mädchen erzählte alles, was ihm begegnet war, und als die Mutter hörte, wie es zu dem großen Reichtum gekommen war, wollte sie ihrer hässlichen und faulen Tochter dasselbe Glück verschaffen. Sie musste sich auch an den Brunnen setzen und spinnen. Damit ihre Spule blutig ward, stach sie sich in die Finger, warf sie in den Brunnen und sprang hinein. Sie kam, wie die andere, auf die schöne Wiese und ging weiter auf demselben Pfade.

Als sie zu dem Backofen gelangte, schrie das Brot: »Ach, zieh mich raus, zieh mich raus, sonst verbrenn ich. Ich bin schon längst ausgebacken.« Die Faule antwortete: »Hab keine Lust, mich schmutzig zu machen« und ging fort. Bald kam sie zu dem Apfelbaum, der rief: »Ach, schüttle mich, schüttle mich, meine Äpfel sind alle reif.« Sie antwortete: »Es könnte mir einer auf den Kopf fallen« und ging fort. Als sie vor Frau Holles Haus kam, fürchtete sie sich nicht, weil sie von ihren großen Zähnen schon gehört hatte, und verdingte sich gleich zu ihr. Am ersten Tag war sie fleißig und machte alles, was Frau Holle ihr sagte, denn sie dachte an das viele Gold, das sie ihr schenken würde! Am zweiten Tag fing sie an zu faulenzen und am dritten, da wollte sie morgens gar nicht aufstehen. Sie machte Frau Holle das Bett nicht und schüttelte es nicht und die Federn flogen nicht auf.

Das ward Frau Holle zu viel. Sie kündigte ihr den Dienst. Die Faule war zufrieden und meinte, nun würde aus Dank der Goldregen kommen. Frau Holle führte sie zum Tor. Als sie aber darunter stand, ward statt des Goldes ein großer Kessel voll Pech ausgeschüttet. »Das ist zur Belohnung deiner Dienste«, sagte Frau Holle und schloss das Tor zu. Da kam die Faule heim, aber sie war ganz mit Pech bedeckt, und der Hahn auf dem Brunnen rief, als er sie sah: »Kikeriki, unsere Pechmarie ist wieder hier!«

Das Pech aber blieb fest an ihr hängen und wollte, solange sie lebte, nicht abgehen.

Spielanregungen

- Das Märchen eignet sich ausgezeichnet zum Nachspielen. Der Handlungsablauf: Spinnen am Brunnen – Gang durch die »Anderswelt« – Dienst bei Frau Holle – Abschied mit Belohnung oder Bestrafung – Rückkehr nach Hause. Spielfiguren: Stiefmutter, Goldmarie, Pechmarie, Backofen, Apfelbaum, Frau Holle und der Hahn.
- Das Schneegestöber produzieren die Kinder mit Seidenpapierschnitzeln. Das Goldtor markieren wir mit Lametta. Vor dem Durchschlüpfen bindet sich Goldmarie ein gelbes Tuch um. Pechmarie wird mit schwarzen Papierschnitzeln überschüttet und tritt mit einem schwarzen Umhang heraus.

Zwei Freunde und ein Bär

Einer Fabel von Aesop nacherzählt

Die Fabel erzählt von Angst/Mut, Freundschaft, Verantwortungsbewusstsein, Solidarität, füreinander einstehen, Verlässlichkeit
Wissenswertes für die Erzählerin und den Erzähler: Diese Fabel zeigt, wie wichtig gute Freunde sind, auf die man sich auch in der Not verlassen kann! Für Kinder sind Freundschaften sehr wichtig. Hier eine Schüleraussage: »Gute Freunde helfen sich und vertrauen einander.«

Es waren einmal ein großer und ein kleiner Mann, die gingen in den Wald. Die zwei Freunde gelobten sich gegenseitig, sich in allen Fällen treu beizustehen und Freud und Leid miteinander zu teilen. So wanderten sie immer tiefer in den Wald hinein.

Unvermutet kam ihnen auf dem schmalen Waldweg ein Bär entgegen. Vereint hätten sie ihn vielleicht bezwungen, doch der große Mann hatte Angst. Er rannte weg und kletterte wie der Blitz auf einen Baum. Der große Mann vergaß in seiner Not, was er seinem Freund soeben versprochen hatte.

Nun stand der kleine Mann allein dem Bären gegenüber. Er hatte kaum Zeit, sich auf den Boden zu werfen und sich tot zu stellen, denn er hatte gehört, dass Bären keine Toten fressen. Der Bär kam herbei, beleckte seine Ohren, warf ihn mit der Schnauze hin und her und trabte schließlich davon, weil er den kleinen Mann für tot hielt.

Sobald die Gefahr vorüber war, stieg der große Mann vom Baume herab und fragte: »Was hat dir der Bär zugeflüstert?«

»Eine vortreffliche Warnung«, antwortete der kleine Mann: »Nur schade, dass ich sie nicht früher gewusst habe. Er warnte mich: ›Lass dich nicht mit Menschen ein, die ihre Freunde in der Not verlassen!‹«

Gesprächsanregungen

- Die Kinder sprechen über die Fabel:
  Warum hat der große Mann so gehandelt? Wie hätte er seinem Freund helfen können? Was wäre wohl passiert, wenn er sich entschuldigt hätte? Was erwarte ich von einem Freund? Was tue ich für eine gute Freundschaft?
- Damit die Kinder selbst erfahren, wie verlässliche Freundschaft stark macht und die Angst verkleinert bzw. wie einsam man sich fühlt, wenn der Freund oder die Freundin nicht da ist, wenn es darauf ankommt, spielen wir die Fabel in verschiedenen Varianten zu dritt. Die Kinder erleben konkret, wie sich »rechtes« oder »falsches« Handeln anfühlt.
  1) Zwei Freunde oder Freundinnen schlendern lachend durch den Wald, halten sich an den Händen, singen und plaudern. Da plötzlich kommt der wilde Bär. Die zwei umarmen sich und fallen »tot« zu Boden. Sie geben sich gegenseitig Schutz. Der Bär beschnuppert sie kurz und zottelt von dannen.
  2) Zwei Kinder schlendern lachend durch den Wald. Da plötzlich kommt der Bär. Wie der Blitz klettern die beiden auf einen Baum (Tisch, Stuhl usw.) Der Bär knurrt verärgert und zottelt davon.
  3) Zwei Kinder schlendern plaudernd durch den Wald. Da plötzlich kommt der wilde Bär. Der eine lässt den anderen in der Not im Stich und klettert auf einen Baum. Der Verlassene fällt in seiner Angst zu Boden und stellt sich tot. Der Bär knurrt und beschnuppert ihn lange, lange ...

Frieden und Miteinander

Die Werte, auf denen das Konzept dieser Märchensammlung aufgebaut ist, sind uralte Werte, die im Kern bei allen Weltreligionen, Kulturen und den Frieden schätzenden Völkern dieser Erde wiederzufinden sind. Märchen und Geschichten geben durch ihre Bilder Anregungen, wie man einzelne Aspekte zum Thema Frieden, zum Beispiel Toleranz, Wertschätzung des Eigenen und des Fremden, im Alltag umsetzen kann. Der Schlüssel zu einer friedlichen Welt liegt in jedem von uns selbst. Der Dalai Lama bringt es auf den Punkt, wenn er sagt:

Wer selbst keinen inneren Frieden kennt,
wird ihn auch in der Begegnung
mit anderen Menschen nicht finden.

Frieden in der Familie, im Dorf, in der Stadt, im Land, auf jedem Erdteil, auf der ganzen Welt können wir nur erreichen durch Überwindung der Gewalt. Das nachfolgende Zitat von Mutter Theresa ruft uns dazu auf, Frieden zu schaffen und Frieden zu schenken. Es erinnert uns daran, dass Frieden in uns ist. Um Frieden jedoch zu erreichen, müssen wir gemeinsam etwas tun, zusammenarbeiten und visionär denken. Wir sollten so weit wie möglich am gleichen Strick ziehen: Eltern, Kinder, Freunde, Verwandte, Nachbarn, Kindergarten, Schule und Behörden.

Frieden ist nicht etwas, das du dir wünschst,
es ist etwas, das du schaffst, etwas, das du tust,
etwas, das du bist, etwas, das du verschenkst.

Um sich gesund zu entwickeln brauchen Kinder ein friedliches Klima. Es beunruhigt und erschreckt sie, wenn Erwachsene sie anschreien, wenn Eltern sich streiten oder wenn sie Zeugen werden von Schlägereien und Gewalttaten.

Geschichten erzählen, gemütlich zusammensitzen, kuscheln, über Gott und die Welt reden, zusammen philosophieren ist für Kinder der Inbegriff von friedlichem Zusammensein. Denn für sie gilt:

Der Friede in der Welt beginnt mit einer leise zugemachten Tür.

Aus Kindermund: Was fördert friedliches Zusammenleben?
Bei einer großen Schülerumfrage kam Erstaunliches heraus. Hier eine Zusammenfassung der meistgenannten Aspekte:

- Ehrlichkeit – sich für andere einsetzen – sich entschuldigen können
- Den anderen so annehmen wie sich selbst
- Echtheit – Offenheit – Höflichkeit – Fleiß – Pflichtbewusstsein – Pünktlichkeit
- Mitschülern helfen – Rat und Tipps anbieten
- Sorgfältiger, verantwortungsvoller Umgang mit Materialien
- Verbale Entgleisungen vermeiden – nicht ausrasten

Märchen, die das Verständnis für Frieden stärken

In den folgenden Märchen und Geschichten finden wir das Thema Frieden. »Die zwölf Monate« zeigen: Nur wer in allem etwas Gutes sehen kann, wird im Märchen mit Gold, Glück und Zufriedenheit beschenkt. Die kämpferische »Zottelhaube« weist uns darauf hin: Vor Gott und dem

König ist jedes Kind gleich. Nur wer sich selber so annehmen kann, wie er ist, vermag Freude und Frieden zu verschenken. »Der kleine Baumwollfaden« vermittelt: Sich gegenseitig zu helfen, macht friedlich und stark! Wer gut beobachtet und die richtigen Rückschlüsse zieht, hilft Missverständnisse und Streit vermeiden, lehrt uns »Die Suche nach dem Kamel«. »Im Sandkasten« spielt ein gesundes Kind mit einem behinderten Jungen mit der simpeln Begründung: »Er konnte nicht mit mir im Sandkasten spielen, also habe ich den Sand zu ihm gebracht.« Im »verlorenen Sohn« lässt der Vater Gnade vor Recht walten.

FRIEDEN UND MITEINANDER

Sich versöhnen
Gute Streitkultur
Achtsamkeit
Ruhe
Konzentration
Zufriedenheit
Würde
Ausdauer
Glück

FRIEDENSSYMBOLE FÜR KINDER

Hier ein paar Symbole zum Thema Frieden aus der biblische Sintfluterzählung: Noah erhält von Gott den Befehl, eine Arche zu bauen, damit er das große Wasser mit seiner Familie und den geretteten Tieren übersteht. Nach vierzig Tagen Regen schickt er eine Taube aus, die später mit einem Olivenzweig im Schnabel zurückkommt. Als Zeichen seiner Liebe schickt Gott Noah am Schluss einen Regenbogen. Er steht für Verheißung, Hoffnung und Zuversicht.

SPRICHWÖRTER UND REDEWENDUNGEN ZUM THEMA FRIEDEN

Konflikte sind etwas ganz Normales. Doch um friedlich miteinander auszukommen ist es wichtig, dass Kinder lernen, mit Konflikten gut umzugehen, sie zu lösen, Grenzen, Regeln und andere Meinungen zu respektieren und Gefühle zeigen zu können. Es lohnt sich, mit Kindern über Friedenssätze nachzudenken und Gespräche zu führen: Wie erlebe ich Frieden? Wie lässt er sich in die Praxis umsetzen und was bewirkt er?

Der Friede beginnt im eigenen Haus.
Frieden kannst du nur haben, wenn du ihn gibst.
Hass, Neid und Geiz vertreiben den Frieden.
Wo keine Gerechtigkeit ist, da ist auch kein Friede.
Der erste Schritt zur Versöhnung ist der schwerste.
Wenn zwei sich streiten, lacht der Dritte.
Güte vermag mehr als Gewalt.
Friede wächst, wo man Vertrauen sät.
Wie man in den Wald ruft, klingt es zurück!
Wer Drachenzähne sät, kann keinen Frieden ernten.
Die Rücksicht auf das Recht des anderen – das ist der Friede.

Aus Kindermund: Wie sieht Gewalt aus?

Gewalt zerstört das friedliche Miteinander und Freundschaften, verbreitet ein Klima, in dem man sich nicht selbstbewusst und in Würde entwickeln kann. Kinder beobachten sehr wohl, wie Gewalt aussieht, und möchten sie vermeiden:

- Die Gewalt sieht man, wenn jemand blutet oder blaue Flecken hat.
- Gewalt ist: zwicken, schlagen, beißen, schubsen, Schimpfwörter.
- Wenn jemand einen anderen bedroht, erpresst oder missbraucht.
- Wenn man sich haut, das ist Gewalt und nimmt oft ein böses Ende.
- Eifersucht, Wut und Hass können innerlich verletzen.
- Man schlägt und schlägt, eine Frau oder einen Mann.
- Man sieht total fertig und verweint und wütend aus!
- Ich habe Angst vor der Gewalt.

Das Geschenk

Geschichte von Bennet Cerf

Die Geschichte erzählt von Aufmerksamkeit, Großzügigkeit, Teilen, Schenken und Beschenktwerden, Selbstlosigkeit, Dankbarkeit
Wissenswertes für die Erzählerin und den Erzähler: Freude schenken ist etwas vom Schönsten, das man tun kann. Es lohnt sich, anderen zu helfen und sich für das Gute einzusetzen. Andere zu beglücken kann sogar über die eigene Trauer und Einsamkeit hinweghelfen. Mitgefühl, Zuwendung und Freude sind wunderbare Voraussetzungen, um mit sich selbst und den Mitmenschen in Frieden zu leben. Nicht nur Schenken, sondern auch Annehmen und Danken will gelernt sein.

Wenn du im Herzen Frieden hast,
wird die Hütte zum Palast.

Ein alter Mann saß in einem Bus. In seinem Arm hielt er einen wundervollen Blumenstrauß. Ein junges Mädchen konnte ihren Blick nicht von der Blumenpracht lassen. Immer wieder schaute sie zu den bunten Blüten und lächelte scheu.

Kurz vor der nächsten Haltestelle stand der Mann auf und ging zu dem Mädchen. Er reichte ihr den Strauß und sagte: »Ich habe gesehen, dass du diese Blumen liebst. Sie sind eigentlich für meine Frau. Aber ich denke, meine Frau hätte gerne, dass du sie

bekommst. Ich gehe jetzt zu ihr und erzähle ihr, dass ich dir die Blumen geschenkt habe.«

Das Mädchen nahm den Strauß mit einem nun strahlenden Lächeln.

Als der alte Mann ausstieg, sah sie ihm noch nach. Und er verschwand durch ein Tor, welches zu einem kleinen Friedhof gehörte.

Gesprächs- und Spielanregungen

- Was erzählt der alte Mann wohl auf dem Friedhof seiner Frau am Grab?
- Warum macht Schenken Freude?
- Auf dem nächsten Familienausflug pflücken wir gemeinsam einen kleinen Strauß aus Wiesenblumen und schenken ihn einem lieben Menschen.
- Im Kindergarten stellen wir gebrauchtes Geschenkpapier zur Verfügung. Die Kinder packen sich gegenseitig Spielsachen ein, um sie zu »verschenken«.

Das Märchen von den zwölf Monaten

Märchen aus Griechenland

Das Märchen erzählt von Zufriedenheit/Unzufriedenheit, Wertschätzung, Respekt, Toleranz, Offenheit, Neid

Wissenswertes für die Erzählerin und den Erzähler: Zwei alte Frauen werden hier von den zwölf Monaten, die als junge Männer auftreten, geprüft. Die Prüfung zeigt, dass man je nach Sichtweise in allem etwas Gutes sehen kann oder überall etwas auszusetzen und zu meckern hat. Nur wer das Schöne sehen kann, wird im Märchen mit Gold, Glück und Zufriedenheit beschenkt. Eine alte Weisheit sagt:

Lieber ein Licht anzünden,
als über die Finsternis klagen.

Es war einmal eine alte Frau, die war so arm, dass sie selbst im strengsten Winter kein Holz und keine Kohle kaufen konnte, um ihr kleines Häuschen zu heizen. An besonders kalten Tagen stieg sie hinauf in den Bergwald und sammelte dürres Laub in einem Sack, um damit ihre Stube ein wenig zu wärmen.

Als sie einmal gerade wieder vom Laubsammeln zurückkam, sah sie in einer kleinen Höhle, in der sie sich sonst immer ausge-

ruht hatte, einen hellen Schein. Sie ging hinein und sah darin zwölf schöne junge Männer sitzen. »Seid gegrüßt«, sagte die alte Frau freundlich. »Grüß Gott, Mütterchen«, antworteten die zwölf Männer, »heute ist es ja schrecklich kalt!«

»So schlimm ist es nun auch wieder nicht«, meinte die alte Frau, »es ist eben Winter, da muss es doch kalt sein.«

Die jungen Männer sahen sich bedeutungsvoll an, sagten jedoch nichts dazu. »Magst du denn die Kälte lieber als die Hitze?«, fragte einer der zwölf Jünglinge. »Nein«, meinte da das Mütterchen, »mir ist eigentlich alles recht!«

Da strahlten sich die zwölf Männer an und wollten wissen: »Du findest also keinen Monat schlecht, Mütterchen?« – »Nein«, sagte die Alte, »ich finde, dass jeder Monat auf seine Art schön ist. So, jetzt muss ich aber wieder nach Hause.«

Sie stand auf, und die zwölf Männer halfen ihr, den Sack auf den Rücken zu heben. Wie sie aber zu Hause ankam und den Sack öffnete, was sah sie darin? Lauter Goldstücke! Von da an lebte sie glücklich und ohne Sorgen.

Im Nachbarhaus aber lebte auch eine alte Frau. Die hatte keine Ruhe, bis sie erfahren hatte, woher die andere all das Gold bekommen hatte. Sie ließ sich alles ganz genau erklären, nahm einen Sack, stopfte ihn voll mit trockenen Blättern und ging damit zur Höhle hinauf. Und tatsächlich saßen da wieder die zwölf jungen Männer. Die alte Frau begann sogleich zu jammern: »Ach, es ist so kalt draußen, es wäre besser, es gäbe keinen Winter!« Die zwölf Männer schauten sich an und schüttelten die Köpfe. »Wie gefallen dir denn die anderen Jahreszeiten?« – »Die sind auch nicht besser«, klagte da die Alte. »Der März macht alle krank, der April weiß nie, was er will, der Mai macht allen Kopfschmerzen mit Blumenduft, im Juni sind die Nächte zu kurz, Juli und August sind zu heiß und im September wird es schon wieder kalt. Nein, eigentlich gefällt mir keiner der zwölf Monate!«

Die zwölf jungen Männer sagten nichts. Sie halfen der unzufriedenen Frau den Sack auf die Schultern heben, und diese lief so schnell sie konnte nach Hause. Als sie aber den Sack öffnete, fand sie darin nur dürre Blätter. Die zwölf Monate hatten sie nach ihren Reden belohnt.

Gesprächs- und Spielanregungen

- Wir überlegen uns, was die vier Jahreszeiten uns Schönes bringen: der Frühling, der Sommer, der Herbst und der Winter. Was gefällt uns an jedem Monat rund ums Jahr? Wir zeichnen ein Bild von dem Monat, in dem wir geboren sind.

  Hier ein paar Anregungen und Gedanken zu jedem Monat:

Januar kommt mit Schnee und Eis, macht die ganze Erde weiß.
Februar in seinem Lauf taut schon manches Fleckchen auf.
März mit Wind und Sonnenschein bringt den Frühling uns herein.
April, April, ist launenhaft, er weiß nicht, was er will.
Alles neu macht der Mai und die Kinder tanzen Ringelreihn.
Juni zieht ins Land mit Rosensträußen in der Hand.
Juli ruft zum Bade, juhee, in jedem schönen blauen See.
August, August bringt Urlaubsfreud' und Sommerlust.
September, sanft und mild, malt ein herbstlich schönes Bild.
Oktober lockt und lacht, mit süßer Trauben reifer Pracht.
November, nebelgrau, trägt ein trüb' Gesicht zur Schau.
Dezember dann erhellt mit Weihnachtsglanz die ganze Welt.

Zottelhaube

Märchen aus Norwegen

Das Märchen erzählt von Selbstachtung, Selbstvertrauen, Geschwisterliebe, Solidarität, Unerschrockenheit, Entschlossenheit, Tatkraft, Äußerlichkeit/inneren Werten
Wissenswertes für die Erzählerin und den Erzähler: Es waren einmal zwei Zwillingsschwestern, sie konnten unterschiedlicher kaum sein. Die Erste, Zottelhaube, war unansehnlich, laut, resolut und kämpferisch. Sie wurde mit einem Kochlöffel in der Hand auf einem Ziegenbock geboren. Die Zweite war hübsch, leise, zart und fein. Trotz der großen Unterschiede liebten sie sich und hielten zusammen. Sie gingen für einander durch dick und dünn. Das Märchen zeigt:

Vor Gott und dem König ist
jedes Kind gleich.

Es war einmal eine Königin, die hatte einen großen Kinderwunsch. »Viel zu lang dauert mir das«, dachte sie. »Die Zeit verrinnt. Jetzt wird sie allmählich knapp. Der König und ich, wir kriegen und kriegen kein Kind.« Eines Tages stand die Königin am offenen Fenster und schaute auf den Schlossplatz. Dort unten spielten Kinder Verstecken. Das Herz der Königin ward schwer. In dem Moment betrat eine alte hässliche Bettlerin mit ihrem zerlumpten Bettlerkind den Platz. Die

Kleine winkte der Königin zu. Da ließ die Königin die Bettlerin und das Mädchen zu sich bitten.

»Bist du die Königin, die keine Kinder bekommt?«, fragte das Bettlermädchen. »Meine Mutter sagt, sie kann dir helfen.« Da fragte die Königin die zerlumpte Frau: »Kannst du das?« – »Könnte ich schon«, sagte die Bettlerin, »aber bevor ich dir mein Geheimnis verrate, bring mir eine Flasche roten Wein und süßen Kuchen!« Die Diener brachten das Gewünschte. Die Alte trank Wein und aß Kuchen.

Dann sagte sie: »Frau Königin, zwei Schüsseln mit Wasser lass abends in deine Waschkammer tragen. Benetz dein Gesicht mit dem ersten Wasser. Die Hände säubere in der zweiten Schale, dann ruf den König herein und schütte alles Waschwasser über seine Füße. Am nächsten Morgen, wenn du nachsiehst, ist vom Boden alle Feuchtigkeit verschwunden. Doch dafür stehen zwei Blumen, eine schöne und eine hässliche. Die schöne sollst du brechen, kleinschneiden und auf einem Butterbrot verspeisen. Die Hässliche lass stehen.« – »Ich muss mir das alles sauber notieren«, seufzte die Königin. »Sonst mach ich am Ende noch etwas falsch.«

Die Königin tat, wie geheißen: Sie füllte zwei große weiße Porzellanschüsseln voll Wasser und benetzte das Gesicht aus der einen Schüssel und die Hände aus der anderen. Sie ließ den König kommen und kippte ihm das Wasser über seine Füße. Dann löschten sie das Licht aus und schliefen ein.

Bis zum Morgen danach wuchsen zwei Blumen heran, die eine hatte fleischige Blüten, die andere sah ganz verwelkt aus. Die eine hatte glänzende Blätter, die andere glanzlose. Die einen waren grün, schwärzlich die anderen.

Die Königin hatte ihre Notizen verlegt und schnitt deshalb kurzerhand beide Blumen ab. Sie halbierte ihr Butterbrot, belegte die Hälften mit dem fein gehackten Grünzeug und verspeiste die

Mahlzeit mit großem Genuss. »Das wird schon nicht schaden. Viel hilft schließlich viel!«, dachte sie und das tat es auch. Der königliche Bauch wuchs von Tag zu Tag immer mehr. Dabei lächelte die Königliche Hoheit glücklich und zufrieden vor sich hin.

Eines Tages aber legte sie sich ins Kindbett. Sie gebar zwei ungleiche Schwestern. Mit großem Ach und Krach kam die erste zur Welt. Sie hatte eine Zottelhaube auf dem Kopf, einen Kochlöffel in der Hand und kam auf einem Ziegenbock geritten! Was für ein Graus. »Mama, wir sind da!«, krähte das garstige Kind. »Gott helfe mir, wenn ich deine Mama sein soll«, rief die Mutter. »Keine Sorge. Wir drei schaffen das schon. Da kommt noch meine Schwester, die sieht viel hübscher aus als ich.« Da seufzte die Königin und brachte auch noch die andere Schwester zur Welt. Dieses Kind war so schön wie die Ältere hässlich. Der König freute sich über beide Töchter und sagte: »Ob lieblich oder abstoßend, vor Gott und dem König ist jedes Kind gleich!« Die Ältere ritt auf dem Ziegenbock, sang und schwang den Kochlöffel wie wild. Die Jüngere trippelte ihr hinterdrein, mit verklärtem Gesicht. Mutter und Zofen, sie wollten das nicht sehen. Sie trennten die beiden, nahmen die Hässliche weg von der Hübschen. Doch die Zweitgeborene schlich immer wieder zur älteren Schwester.

Wo immer die eine war, da wollte die andere auch sein. »Zottelhaube« war stolz auf ihren Namen, der gefiel ihr gut. Die Kinder sangen: »Zottelhaube, Distelkind, bockig wie ein Wirbelwind!«

Und so wuchsen die Schwestern heran und die Jahre vergingen. In einer Julnacht zur Weihnachtszeit ruckelte es in den Schornsteinen des Schlosses, trippelte es auf den Dächern, klapperte es in den Fluren. Die Trollweiber suchten den Palast heim. Hier wollten sie Weihnachten feiern. Die Königsfamilie und ihre Diener hielten sich versteckt. Zottelhaube schimpfte: »Blöde

Trollweiber! Aufs Dach will ich sie jagen!« Die jüngere Schwester sollte auf die Königin und den König aufpassen und dafür sorgen, dass alle Türen gut verschlossen blieben.

Zottelhaube scheuchte mit ihrem Ziegenbock, den Kochlöffel schwingend, die Trollweiber die Treppen hoch und runter. Sie jagte die Hexen, bis es still wurde auf dem Flur. Der König öffnete die Tür einen Spalt breit und die jüngere Schwester streckte ihren Kopf hinaus. Das war nicht klug, denn »wupps« hat sich ihr Gesicht in einen Kalbskopf verwandelt! »Gott helfe mir, mein Kind hat einen Kalbskopf!«, schrie die Mutter. Da fegte die Ältere auf ihrem Ziegenbock den langen Flur zurück. Die weinende Schwester fuhr sich wieder und wieder über das Haupt. Zottelhaube überlegte nicht lange: »Das muss sich ändern! Wir reisen zu den Trollhexen, die müssen dich zurückverwandeln!« Zottelhaube bat den Vater: »Gebt mir ein Schiff, einen Steuermann, eine Mannschaft und Zwieback, so viel das Schiff trägt, denn Reisen macht hungrig.« Der König erfüllte ihr diesen Wunsch.

Zottelhaube und die Schwester mit dem Kalbskopf segelten mit dem Schiff geradewegs über die See auf das Land der Trollhexen zu. Das Schiff glitt in den Hafen hinein. »Wer sich rührt, kriegt eins mit dem Löffel hinter die Ohren!«, drohte Zottelhaube der Schwester und den Reisegefährten. Sie lenkte den Ziegenbock aufs Land und trabte den Weg zur Trollburg hinauf. Da stand schon der schöne Kopf ihrer Schwester auf einem Fenstersims. Tränen strömten aus seinen Augen und flossen die Wangen hinab! Zottelhaube preschte heran, griff sich das Schwesternhaupt, machte kehrt und jagte mit dem Ziegenbock aufs Schiff zurück. Aus allen Ecken stießen Trollgestalten hervor. Mit dem schwingenden Kochlöffel trieb Zottelhaube die kreischenden Trollhexen zurück. Sie frohlockte: »Wir haben das Trollvolk besiegt!« Die Mannschaft stand im Kreis, als Zottelhaube der schönen Schwester den Kopf wieder aufsetzte und ihn sorgsam zurechtschob. Wohin sollte die Reise jetzt noch gehen? So früh schon in die Heimat zurück? »Ich will noch was von der Welt sehn!«, rief Schwester »Wiederschön«. Also nahmen sie mit dem Schiff Kurs auf ein fernes Königreich. Dort ankerten sie im Hafen. Und wieder befahl Zottelhaube: »Wer sich rührt, kriegt eins mit dem Löffel hinter die Ohren!«

In diesem Land wohnte ein König, der verwitwet war, mit seinem einzigen Sohn. Er schickte seine Leute aus, um nach dem seltsamen Schiff zu forschen. Sie erblickten ein hässliches Mädchen mit wirbelnden, zotteligen Strähnen. Es ritt auf einem Ziegenbock über das Deck. »Sagt Eurem König, wir sind da!«, krähte das garstige Mädchen. »Wer seid ihr?«, riefen die Männer zurück. – »Zottelhaube und ihre bildschöne Schwester.« Als der König das hörte, eilte er zum Strand. Zwei Schwestern erblickte er in trautem Gespräch. Er sah nur das Gesicht der schönen und dachte: Die nehme ich mir zur Frau! »Dich gleich mir ihr verloben? Nichts da!«, schrie Zottelhaube vom Schiff herüber. »Versprich mir erst deinen Sohn! Der soll mich nehmen, dann heiratet dich meine Schwester.«

»Gott helfe mir, ich will diese Zottelhaube nicht haben«, klagte der junge Prinz. Vergebens. Für zwei Paare ließ der König die Hochzeit bestellen. Der Sohn war verzweifelt. Solch schweren Kirchgang hatte er noch nie unternommen.

In einer Kutsche fuhr der König mit der schönen Schwester zur Hochzeit voraus. Der junge Prinz ritt auf seinem Pferd hintendrein, daneben galoppierte Zottelhaube auf ihrem garstigen Ziegenbock. »Wenn ich das nur überlebe!«, dachte der Prinz. »Du bist so still. Und das an unserem Freudentag?«, bemerkte die Zottelhaube. »Du fragst so wenig.« – »Das ist, weil ich mich vor deinen Antworten fürchte«, sagte der Prinz. »Frag doch mal, warum ich auf diesem hässlichen Bock reite«, schlug Zottelhaube vor. Der Prinz seufzte: »Warum reitest du auf diesem hässlichen

Ziegenbock?« – »Er ist nicht hässlich, schau genau hin«, sagte die Wilde. Dies tat der Prinz. In dem Moment verwandelte sich der Ziegenbock in einen prächtigen Gaul. »Na und«, dachte der Prinz. »Ein feuriges Pferd macht eine hässliche Braut auch nicht schöner!« Und wieder ritten beide stumm nebeneinander, Zottelhaube lächelnd, der Prinz sorgenvoll und bedrückt.

»Frag doch mal, warum ich diesen blöden Kochlöffel schwinge«, sagte Zottelhaube, und der Prinz seufzte wieder. »Warum schwingst du diesen blöden Kochlöffel?«, fragte er schließlich. »Ist gar nicht blöde. Schau doch genau hin.« Und wie er so hinsah, verwandelte sich der stumpfe Kochlöffel in eine lange Reitgerte.

Der Prinz blieb in sich gekehrt. »Ich weiß, was du mich eigentlich fragen willst«, warb Zottelhaube wieder um ihn. Als Antwort kam aus tiefstem Herzen des Prinzen nur ein Seufzer. »Frag doch mal, warum ich diese grauslige Zottelhaube trage.« Und der Prinz fragte: »Warum trägst du diese grauslige Zottelhaube?« – »Ist gar nicht grauslig. Lieber Dummkopf, schau doch genau hin.« Dies tat der Prinz und sah die Verwandlung mit eigenen Augen. Jetzt ritt neben ihm auf einmal die wunderbarste Braut der Welt mit prächtig blonden Haaren. »Leider nur mittelblond«, lachte die Braut. »Die Farbe von Weizen und Sommer«, antwortete der Prinz.

Bevor die beiden Schwestern in die Kirche traten, wandten sie sich noch einmal um, fassten sich an der Hand und blickten über die See. »So verschieden«, sagte die eine. »Doch immer dieselbe«, sagte die Zweite. In der Kirche feierten der König und der Prinz mit ihren jungen Frauen ein großes Hochzeitsfest. Anschließend fuhren sie ins Königreich der beiden Schwestern und feierten da mit dem Königsvater und der Königinnenmutter das zweite Hochzeitsfest! Sie lebten glücklich und zufrieden und wenn sie nicht gestorben sind, so leben sie noch heute.

Spielanregungen

»Die Zottelhaube« ist reich an Figuren und Handlungen. Sie eignet sich ausgezeichnet zum improvisierten Theaterspiel mit einer großen Kindergruppe.

Wir unterteilen das Märchen in einzelne Bilder und dramatisieren etwa:

- Die falsche Anwendung des Rezeptes, die Geburt von Zottelhaube auf dem Ziegenbock mit dem schwingenden Kochlöffel und der zarten, unselbständigen Zwillingsschwester.
- Den Angriff der Trollhexen im Schloss und dessen fatale Folgen.
- Die Schiffsreise ins Trollhexenland mit der Rettung des Schwesternhauptes.
- Die Begegnung mit dem König und dem Prinzen bis zur zweiten Hochzeit.

Gesprächsanregungen

- Zottelhaube ist eine starke Mädchenfigur: unternehmungslustig und unerschrocken. Wer kennt andere Mädchen wie sie, in der Realität oder in Geschichten (z.B. Pippi Langstrumpf)?
- Möchtest du auch einmal wie Zottelhaube sein? Wenn ja, warum? Wenn nein, warum nicht?
- Das Märchen von der Zottelhaube ist ideal für Kinder, die in beide Rollen der ungleichen Zwillingsschwestern schlüpfen möchten. Eine zottelige Haube gibt der zuerst geborenen Königstochter ihren Namen. Sie reitet auf einem Ziegenbock und hält eine Kochkelle in der Hand. Der Bock symbolisiert das Widerborstige, Trotzige und die Kochkelle das aktive Handeln. Beim Nachspielen können die Kinder ihre bockigen, trotzigen, aggressiven, aktiven Seiten ausleben.
- Das Märchen spannt den Bogen zwischen den Polen Hässlichkeit und Schönheit oder Autonomie und Abhängigkeit. Die zweitgeborene Schwester ist schön und lieblich, aber unselbständig. Trotzdem sind die beiden Mädchen unzertrennlich und lieben sich.

Der kleine Baumwollfaden

Zeitgenössische Geschichte, Verfasser unbekannt

Die Geschichte erzählt von Unsicherheit/Selbstvertrauen, Selbstmitleid/Zuversicht, Einsamkeit/Miteinander, Unterstützung, Teamgeist, Mutlosigkeit/Tatkraft, Pessimismus/Optimismus, einen Beitrag leisten
Wissenswertes für die Erzählerin und den Erzähler: Diese Geschichte zeigt, es ist keiner zu klein, um Helfer zu sein. Wenn sich zwei Schwache zusammentun, werden sie stark! In diesem Fall verschmelzen sie gemeinsam zu einer kleinen Friedenskerze, die mit ihrem Licht die Welt erhellt.

Kleine Ursache, große Wirkung:
Licht verjagt die Dunkelheit!

Es war einmal ein kleiner Baumwollfaden, der hatte Angst, dass es nicht ausreicht, so, wie er war: »Für ein Schiffstau bin ich viel zu schwach«, sagte er sich, »und für einen Pullover zu kurz. Um an andere anzuknüpfen, habe ich viel zu viel Angst und Hemmungen. Für eine Stickerei eigne ich mich auch nicht, dazu bin ich zu blass und farblos. Ja, wenn ich aus Lurex wäre, dann könnte ich eine Stola verzieren oder ein Kleid. Aber so?! Es reicht nicht! Was kann ich schon? Niemand braucht mich. Niemand mag mich – und ich mich selbst am wenigsten.« So sprach der kleine Baumwollfaden, legte traurige Musik auf und fühlte sich ganz niedergeschlagen in seinem Selbstmitleid.

Da klopfte ein Klümpchen Wachs an seine Tür und sagte: »Lass dich doch nicht so hängen, du Baumwollfaden. Ich hab da so eine Idee: Wir beide tun uns zusammen. Für eine Weihnachtskerze bist du zwar als Docht zu kurz und ich hab dafür nicht genug Wachs, aber für ein Teelicht reicht es allemal. Es ist doch viel besser, ein kleines Licht anzuzünden, als immer nur über die Dunkelheit zu jammern!«

Da war der kleine Baumwollfaden ganz glücklich, tat sich mit dem Klümpchen Wachs zusammen und sagte: »Nun hat mein Dasein doch einen Sinn.«

Und wer weiß, vielleicht gibt es in der Welt noch mehr kurze Baumwollfäden und kleine Wachsklümpchen, die sich zusammentun könnten, um der Welt zu leuchten?

Gesprächs- und Spielanregungen

- Wer hat schon einmal eine ähnliche Erfahrung wie der kleine Baumwollfaden gemacht? Wo könnten wir uns mit anderen zusammentun, um etwas zu erreichen, was alleine nicht gelingt?
- Wer versucht mit Baumwollfaden und Wachs Kerzen zu ziehen oder zu gießen? Die kleinen Lichter sind beliebte Geschenke.
- Wir sprechen mit den Kindern über die zwei »Zaubersprüche«, die uns helfen, Frieden und Miteinander in die Praxis umzusetzen: »Keiner zu klein, um Helfer zu sein!« und »Gemeinsam sind wir stark!«

Die Suche nach dem Kamel

Legende aus dem Orient

Die Geschichte erzählt von Aufmerksamkeit, Konzentration, guter Beobachtungsgabe, falschen und richtigen Schlussfolgerungen, Gelassenheit, dem friedlichen Klären von Missverständnissen
Wissenswertes für die Erzählerin und den Erzähler: Wer gut beobachtet, die richtigen Rückschlüsse zieht und gelassen bleibt, hilft Missverständnisse und Streit zu vermeiden.

Es war einmal ein Mann, der hatte sein Kamel verloren. Er suchte überall nach ihm und konnte es nicht finden. Da begegnete ihm ein alter Mann, den fragte er: »Hast du mein Kamel gesehen, Väterchen?« Der Alte erwiderte: »Ist dein Kamel auf dem linken Fuß lahm und auf dem rechten Auge blind?« »Ja.« – »Trägt es auf der linken Seite Honig und auf der rechten Seite Reis?« – »Richtig!« – »Fehlt ihm ein Zahn?« – »Jawohl! Sag mir, wo ist es hingegangen?« – »Weiß ich nicht«, sagte der Alte. Da schrie der Mann: »Halt mich nicht zum Narren! Du hast mein Kamel versteckt! Sonst wüsstest du nicht so genau über das Tier Bescheid!«

Der alte Mann sah ihm ruhig in die Augen und fragte: »Warum so aufgeregt? Hör zu! Auf meinem Weg hierher habe ich Spuren eines Kamels gesehen. Auf der rechten Seite waren sie tief, auf der linken schwach. Also muss das Kamel auf dem linken Fuß lahm sein. Das Gras zur linken Seite war abgefressen, rechts jedoch nicht. Da wusste ich, das Kamel ist auf dem rechten Auge blind, denn es konnte das Gras rechts nicht sehen. Ich beobachtete, dass links des Weges viele Fliegen waren und rechts Ameisen krabbelten. Die Fliegen fraßen Honig und die Ameisen schleppten Reiskörner. Daraus schloss ich, dass das Kamel auf der linken Seite Honig und auf der rechten Seite Reis trägt. An den Blätterresten, die das Kamel beim Fressen hinterlassen hatte, erkannte ich, dass ihm ein Zahn fehlt. Diese Schlussfolgerungen habe ich alle nur aus meinen Beobachtungen gezogen. Du brauchst mich nicht zu fragen, wohin dein Kamel gegangen ist, folge einfach seiner Spur!«

Der Kamelbesitzer bedankte sich bei dem Alten für den Ratschlag und setzte seine Suche fort.

Gesprächs- und Spielanregungen

- Streit entsteht oft aus falschen Schlussfolgerungen. Wir beobachten etwas und deuten es falsch. Die Betroffenen fühlen sich missverstanden und reagieren verärgert. Wem fällt ein Beispiel dazu ein?
- Wir gehen wie der alte Mann auf Tierspurensuche. Was können wir aus den Spuren alles lesen?

Dinge wahrzunehmen
ist der Keim der Intelligenz.

Lao-tse

Der Mondhase und die Wünsche des Bauern

Märchen aus China

Das Märchen erzählt von erfüllten und unerfüllten Wünschen, vom richtigen Zeitpunkt, Entscheidungsfähigkeit, Klarheit, Zögerlichkeit/Mut
Wissenswertes für die Erzählerin und den Erzähler: Es braucht Mut, Wünsche klar zu formulieren. Wichtig ist auch Unterscheidungsvermögen, um sagen zu können, was man will und was nicht. Wer zu lange zögert und sich nicht entscheiden kann, verpasst die gute Gelegenheit oder den richtigen Zeitpunkt. Ein altes Sprichwort sagt:

Wer zu lange sinnt, beginnt nicht,
und wer nicht beginnt,
gewinnt nicht.

In alten Zeiten, als das Wünschen noch geholfen hat, lebte einmal in China ein armer Reisbauer, der trotz all seines Fleißes in seinem Leben nicht vorwärtskam. Eines Abends begegnete ihm der Mondhase, von dem alle Kinder im fernen Reich der Mitte wissen, dass er den Menschen jeden Wunsch erfüllen kann.

»Ich bin gekommen«, sagte der Mondhase, »um dir zu helfen. Ich bringe dich auf den Wunschberg zum Wunschpalast. Dort kannst du dir wünschen, was immer du willst.« Und ehe er sich versah, stand der Reisbauer vor einem prächtigen Tor. Darüber stand in großen chinesischen Schriftzeichen: »Hier wird jeder Wunsch Wirklichkeit!«

»Schön«, dachte der Bauer und rieb sich die Hände, »mein armseliges Leben hat nun endlich ein Ende.« Erwartungsvoll schritt er durch das Tor.

Ein alter, weißhaariger Mann stand da und begrüßte den Bauern freundlich mit den Worten: »Was immer du dir wünschst, wird sich hier erfüllen. Aber zuerst musst du ja wissen, was man sich alles wünschen kann. Daher folge mir! Ich zeige dir, was du dir im Wunschpalast auf dem Wunschberg alles wünschen kannst!«

Der alte Mann führte den Bauern durch mehrere Säle, einer schöner als der andere. »Hier«, sprach der Weise, »im ersten Saal siehst du das Schwert des Ruhmes. Wer sich dieses Schwert wünscht, wird ein gewaltiger General; er eilt von Sieg zu Sieg und sein Ruhm wird auch noch in fernen Zeiten genannt. Willst du das?«

»Nicht schlecht«, dachte der Bauer, »Ruhm ist eine schöne Sache. Ich möchte die Gesichter der Leute im Dorf sehen, wenn ich als General heimkomme! Aber ich muss mir das noch in Ruhe überlegen.« Also sagte er nur: »Gehen wir weiter.«

Lächelnd führte der weißhaarige Mann den Bauern in den zweiten Saal und zeigte ihm dort das Buch der Weisheit. »Wer sich hier etwas wünscht, dem werden alle Geheimnisse des Himmels und der Erde offenbart.« Der Bauer antwortete: »Ich habe mir schon immer gewünscht, viel zu wissen. Bildung und Erkenntnis zu haben wäre schön. Aber ich muss mir das noch in Ruhe überlegen. Gehen wir weiter.«

Im dritten Saale stand ein Kästchen aus purem Gold. »Das ist die Truhe des Reichtums. Wer sich diese wünscht, dem fliegt das

Gold zu, ob er nun arbeitet oder nicht«, erzählte der alte Mann. Da lachte der Bauer: »Ich habe mir schon immer gewünscht, reich zu sein, dann wäre ich der glücklichste Mensch der Welt. Doch Moment, Glück und Reichtum sind zwei verschiedene Dinge. Ich weiß nicht recht, ob mir Glück oder Reichtum wichtiger ist. Also muss ich mir das noch in Ruhe überlegen. Gehen wir weiter.«

Der Bauer ging von Saal zu Saal, doch er konnte sich für nichts entscheiden. Als sie den letzten Saal besichtigt hatten, sagte der weißhaarige Mann zum Bauern: »Nun wähle! Was immer du dir wünschst, wird erfüllt werden!«

»Ich muss mir das noch genau überlegen«, sagte der Bauer. »Du musst mir noch ein wenig Zeit lassen.« In diesem Augenblick schlug das Tor hinter ihm zu und auch der alte Mann mit den weißen Haaren war verschwunden.

Und ehe er sich versah, befand sich der Reisbauer wieder zu Hause. Der Mondhase saß da wie vor der Reise des Bauern auf den Wunschberg zum Wunschpalast. Er sprach: »Armer Bauer, wie du sind die meisten Menschen. Sie wissen nicht, was sie sich wünschen sollen, sie wünschen sich alles und bekommen nichts. Was immer sich einer wünscht, das schenken ihm die Götter – aber der Mensch muss wissen, was er will ...«

Spielanregung

- Wir basteln einen Wunschbaum: Alle zeichnen oder schreiben ihre Wünsche auf Papier- oder Stoffstreifen und hängen diese an einen Strauch. Der Wind und der Mondhase werden die Wünsche auf den Wunschberg tragen. Jetzt müssen wir nur noch warten, ob sie in Erfüllung gehen ...

Der Sandkasten

Schülergeschichte von Lucas Parker,
11 Jahre

Die Geschichte erzählt von Miteinander, Offenheit, Interesse, Unvoreingenommenheit, Einfühlungsvermögen
Wissenswertes für die Erzählerin und den Erzähler: Diese Alltagsgeschichte erzählt, wie der fünfjährige Lucas ohne Scheu und mit seiner liebenswerten Art ein behindertes Kind spontan in sein Spiel mit Sand einbezieht. Von dieser berührenden, vorurteilslosen Begegnung können Kinder und Erwachsene viel lernen.

Eines Tages, ich war fünf, ging ich mit meiner Mutter in einen nahe gelegenen Park. Während ich im Sandkasten spielte, fiel mir ein Junge in meinem Alter auf, der in einem Rollstuhl saß. Ich ging zu ihm hinüber und fragte, ob er mit mir spielen könne. Da ich erst fünf war, konnte ich nicht verstehen, warum er nicht einfach aufstehen und mit mir im Sandkasten spielen konnte. Er sagte mir, er könne es nicht. Ich redete noch eine Weile mit ihm, dann nahm ich meinen großen Eimer, schaufelte so viel Sand hinein, wie ich konnte, und schüttete ihn auf seinen Schoß. Dann nahm ich einige Spielsachen und legte sie ebenfalls auf seinen Schoß.

Meine Mutter kam herübergeeilt und sagte: »Lucas, warum tust du das?«

Ich schaute sie an und antwortete: »Er konnte nicht mit mir im Sandkasten spielen, also habe ich den Sand zu ihm gebracht. Jetzt können wir zusammen im Sand spielen.«

Gesprächsanregungen

- Kennst du auch jemand mit einer Behinderung? Wie lebt diese Person? Was ist anders als bei dir? Was, denkst du, ist ihr größter Wunsch? Gibt es etwas, was du nicht so tun kannst wie andere Kinder?
- Frieden und Miteinander wächst auch durch Mitgefühl und Akzeptieren von Andersartigkeit. Dies bildet die Grundlage, dass alle Kinder ohne Hemmungen und Vorurteile miteinander spielen können. Wo entdecken die Kinder »Anderssein«? Wer mag beispielsweise anderes Essen als die anderen, kommt aus einem anderen Land, kann eine andere Sprache?

Ich werde, so nehme ich an,
dieses Leben nur einmal leben.
Wenn ich daher freundlich sein kann oder
einem Mitmenschen etwas Gutes tun kann,
lass es mich jetzt tun
und es nicht aufschieben oder gar vergessen,
denn ich werde diesen Weg
nicht noch einmal gehen.

William Penn

Die kranke Häsin

Geschichte von Peter Spangenberg

Die Geschichte erzählt von leeren Worten/wahrer Hilfsbereitschaft, Nachbarschaftlichkeit, Einfühlungsvermögen, Tatkraft
Wissenswertes für die Erzählerin und den Erzähler: Wenn jemand Hilfe braucht, nützen ihm gute Ratschläge, wohlgemeinte Tipps und leere Worte gar nichts. Das muss die Häsin bitter erfahren. Einzig die fleißigen Ameisen kommen herein und erledigen die nötige Arbeit, still und leise. Ein afrikanisches Sprichwort sagt:

Reden ist nicht
Tun.

Die Häsin lag krank. Der Hase war viel unterwegs. Sie war allein. Der Igel schaute herein, brachte Kleeblätter mit: »Kommt Zeit, kommt Rat«, sagte er und ging. Am andern Tag sah die Eule herein: »Gut Ding will Weile haben.« Das war alles. – Die Feldmaus sah durchs Fenster und fiepte: »Kopf hoch, Frau Nachbarin!« – Das Reh hingegen meinte: »Es wird nichts so heiß gegessen, wie es gekocht wird.« – Die alte Katze schnurrte knapp: »Es wird schon werden!« – Als dann der Maulwurf durchs Fenster rief: »Keine Sorge! Ende gut, alles gut!«, empfand die Häsin nur noch Bitterkeit. In der Küche aber tobten die Jungen. Die Elster rief vom Baum: »Geduld, Geduld!« – Die

Häsin dachte, müssen denn alle solchen gut gemeinten Unsinn reden?

Während sie darüber nachdachte, dass die leeren Worte keinen Trost brachten, kamen die Ameisen herein, grüßten kurz, stellten Feldblumen auf den Tisch, machten die Küche sauber, versorgten die jungen Hasen, waren bei alledem sehr leise und verabschiedeten sich still.

Da entstand Ruhe und die Häsin spürte neue Hoffnung.

Spielanregungen

- Die Geschichte eignet sich gut zum Nachspielen und Dramatisieren.
- Wer legt sich als kranke Häsin ins Bett? Wer spielt die tobenden Jungen?
- Igel, Eule, Feldmaus, Reh und Katze kommen der Reihe nach mit nutzlosen Sprüchen ans Krankenbett.
- Wer spielt die fleißigen Ameisen, die in Ruhe alles Nötige erledigen?
- Wie fühlt sich die Hasenmutter, wenn durch die Hilfe der Ameisen wieder Ruhe und Frieden im Hasenalltag eingekehrt sind?
- Die Kinder versuchen in den nächsten Tagen, zu Hause »fleißige Ameisen« zu spielen. Sie helfen unaufgefordert still und leise im Haushalt oder im Garten. Sie erleben dabei, dass in der Familie Frieden und Miteinander entsteht, wenn wir uns gegenseitig helfen und nicht eine Person alles alleine machen muss.

Ein Löffel voll Tat
ist besser als
ein Scheffel voll Rat.

Der verlorene Sohn

Biblische Geschichte aus dem Neuen Testament,
erzählt von Vreni Merz

Die Geschichte erzählt von Neugier auf die Fremde, schlechtem Umgang mit dem, was man zur Verfügung hat, Reue, Vergebung, Großzügigkeit, Toleranz, Neid/Verständnis, Frieden, Liebe

Wissenswertes für die Erzählerin und den Erzähler: In diesem bekannten Gleichnis aus dem Neuen Testament zieht der Sohn von zu Hause aus in die weite Welt. Im Gegensatz zu einem Märchenhelden besteht er die Prüfungen des Lebens nicht, er scheitert. Reumütig kommt er nach Hause zurück. Der Vater verzeiht ihm und nimmt ihn mit offenen Armen wieder auf.

Solange du dem anderen sein Anderssein nicht verzeihen kannst, bist du noch weit weg vom Weg der Weisheit und des Friedens.

Eines Tages kamen viele Menschen zusammen. Auch Leute, die niemand mochte, wollten Jesus hören. Einige ärgerten sich darüber und schimpften: »Was ist da los? Er gibt sich mit dem Pöbel ab und isst sogar mit Sündern. Das gehört sich nicht!«

Aber Jesus hörte nicht auf sie. Und er erzählte diese Geschichte:

»Es war einmal ein Mann; er hatte zwei Söhne. Eines Tages sagte der jüngere zum Vater: ›Du, gib mir das Geld, das ich einmal von dir erben werde. Ich möchte es jetzt schon haben, gib es mir.‹

Da teilte der Vater das Vermögen auf. Wenige Tage später packte der jüngere Sohn alles zusammen und zog fort in ein fernes Land. Dort lebte er in Saus und Braus und kaufte sich alles, was er wollte. So verschleuderte er das ganze Vermögen, bis es aufgebraucht war.

Als er kein Geld mehr hatte, kam eine große Hungersnot über das Land. Jetzt ging es ihm ganz schlecht. Er konnte nichts mehr kaufen. Er hatte gar nichts mehr. Da ging er zu einem Mann, um Arbeit zu suchen. Aber es gab für ihn nur die schmutzigste Arbeit, die man sich denken konnte: Schweine hüten! Niemand sonst wollte diese Arbeit machen. Aber dem Sohn blieb nichts anderes übrig, und er ging mit den Tieren aufs Feld. Sein Hunger war so groß, dass er am liebsten vom Futter der Schweine gegessen hätte. Nicht einmal das bekam er. Niemand gab ihm davon.

Da setzte er sich hin und dachte: Wie viele Arbeiter meines Vaters haben mehr als genug zu essen! Und ich habe Hunger; ich komme fast um. Ich will zurück. Ich gehe heim zu meinem Vater. Ich sage: Vater, ich war schlecht. Ich habe gesündigt gegen dich und gegen den Himmel. Jetzt bin ich nichts mehr wert; ich kann nicht mehr dein Sohn sein. Nimm mich als Arbeiter – wie einer, der immer nur für einen einzigen Tag den Lohn verdient. Nimm mich wenigstens so – wie einen Taglöhner.

Jetzt machte er sich auf den Weg. Und der Vater? Er sah den Sohn von weitem, wie er des Weges kam. Er blieb nicht im Haus, er wollte nicht warten. Voller Mitleid lief er ihm entgegen, fiel ihm um den Hals und küsste ihn. Der Sohn aber sagte schnell: ›Vater, ich war schlecht. Ich habe gesündigt gegen dich und gegen den Himmel. Dein Sohn kann ich nicht mehr sein, ich bin nicht mehr so viel wert.‹

Der Vater aber rief seine Knechte herbei: ›Kommt schnell und holt das beste Kleid! Zieht es ihm an! Steckt ihm einen Ring an die Hand und zieht ihm Schuhe an! Dann holt das Mastkalb und schlachtet es. Wir wollen essen und fröhlich sein. Ein Fest soll es geben! Denn mein Sohn war tot und lebt wieder! Er war verloren und wurde wieder gefunden.‹ Und alle fingen an, ein frohes Fest zu feiern.

Unterdessen war der ältere Sohn draußen auf dem Feld. Als er zurückkam, hörte er in der Nähe des Hauses Musik und Tanz. Erstaunt fragte er einen der Knechte, was das zu bedeuten habe. ›Dein Bruder ist gekommen‹, sagte der Knecht, ›und dein Vater hat das Mastkalb schlachten lassen, weil er gesund und heil zurückgekommen ist.‹

Der ältere Bruder wurde zornig; das konnte er nicht verstehen. Er wollte gar nicht ins Haus gehen. Da kam der Vater zu ihm hinaus, setzte sich zu ihm und redete ihm gut zu. Doch der Sohn war richtig wütend und erwiderte: ›So viele Jahre arbeite ich hier und nie habe ich etwas gemacht, das dir nicht gefällt. Aber mir hast du nie etwas geschenkt, nicht einmal einen Ziegenbock, damit ich mit meinen Freunden ein Fest feiern kann. Jetzt kommt der heim, der mit vielen Frauen ging und dein Vermögen verschwendet hat, und jetzt schlachtest du für ihn sogar das Mastkalb!‹

Der Vater hörte ihm zu. Dann gab er ihm zur Antwort: ›Du bist immer bei mir, und alles, was mir gehört, gehört auch dir. Mein Sohn, jetzt wollen wir uns doch freuen und ein Fest feiern. Denn dein Bruder war tot und lebt wieder. Er war verloren – und jetzt ist er wieder da.‹«

Gesprächsanregungen

- Wir sprechen über den »verlorenen Sohn«:
  Warum wollte er das viele Geld vom Vater haben?
  Warum hat er das ganze Geld ausgegeben?
  Wie hat er sich gefühlt als Schweinehirt?
  Was hat er bereut?
- Wir können auch über den Vater und den älteren Bruder sprechen. Wer kann die Großzügigkeit und Freude des Vaters verstehen, wer auch den Neid und den Zorn des Bruders?
- Wo oder wie kann Versöhnung stattfinden?
- Wir lesen noch einmal den Vorspann des Gleichnisses. Warum erzählt Jesus ausgerechnet diese Geschichte, während er mit Menschen zusammensitzt, die unbeliebt sind?

Spielanregungen

- Wir veranstalten zusammen ein Versöhnungsfest, bringen alle etwas zum Essen mit, das wir dann feierlich teilen und gemeinsam essen.
- Oder wir kochen zusammen ein Festessen.
- Anschließend wird gesungen und getanzt.
- Vielleicht erzählt noch einmal jemand die Geschichte vom verlorenen Sohn und wir spielen einzelne Szenen aus dieser biblischen Geschichte nach.

Gewonnen hat immer der,
der lieben, dulden und verzeihen kann,
nicht der, der besser weiß und aburteilt.
Wir können einander verstehen,
aber deuten kann jeder nur sich selbst.

Hermann Hesse

Der gute Kartoffelkönig

Märchen aus Deutschland

Das Märchen erzählt von Eigensinn/Bereitwilligkeit, Herzensweite, Großzügigkeit, Unterscheidungsvermögen
Wissenswertes für die Erzählerin und den Erzähler: Der »bockige« Kartoffelkönig zeigt, dass auch eine Figur, die rumpelt und schimpft, fähig ist, Liebe zu geben, Frieden zu verbreiten und sich für eine gute Sache einzusetzen, nach dem Motto:

Harte Schale –
weicher Kern!

Es war einmal ein Kartoffelkönig. Der lag in einer Kiste im Keller, mitten unter großen, prächtigen Kollegen. Doch der Kartoffelkönig war zwölfmal größer als die andern. Da kam die Großmutter in den Keller und wollte Kartoffeln holen für das Mittagessen. Sie legte auch den Kartoffelkönig in ihr Körbchen und sagte: »Ei, ist das eine dicke Kartoffel.« Als die Großmutter mit dem vollen Körbchen aus dem Keller kam, sprang der Kartoffelkönig heraus und rollte und rollte, rumpedipum, über den Hof ins Feld. Er rief: »Ich lass mich nicht schälen! Ich lass mich nicht essen! Ich bin der Kartoffelkönig!« Er rollte und rollte, rumpedipum. Die Großmutter konnte ihn nicht einfangen. Sie rief: »Lauf nur, rumpedipum! Vielleicht findet dich ein armes Tier und frisst sich satt an dir!« Der Kartoffelkönig rollte und rollte, rumpedipum.

Da begegnete ihm der Igel, der rief: »Guten Tag, dicke Kartoffel! Warte, ich fresse dich zum Frühstück!« – »Nein!«, rief der Kartoffelkönig. »Großmutter hat mich nicht gefangen, also erwischt mich auch kein Igel!« Er rollte und rollte, rumpedipum, von der Wiese in den Wald.

Da begegnete ihm ein Wildschwein, das rief: »Hurra, da kommt ein prächtiges Mittagessen, ich will dich ratzfatz fressen!« – »Nein!«, rief der Kartoffelkönig. »Großmutter hat mich nicht gefangen, Igel hat mich nicht erwischt, also frisst mich auch kein Wildschwein!« Er rollte und rollte, rumpedipum, noch tiefer in den Wald.

Da begegnete ihm ein Hase, der rief: »Halt an, du dicke, schöne Kartoffel. Ich will dich fressen!« – »Nein!«, rief der Kartoffelkönig. »Großmutter hat mich nicht gefangen, Igel hat mich nicht erwischt, Wildschwein konnte mich nicht schnappen, also frisst mich auch kein Hase!« Er rollte, rumpedipum, vom Wald auf die Straße.

Da begegneten ihm zwei arme, hungrige Kinder. Die sagten: »Schau, was rollt da für eine große, dicke Kartoffel über die Straße. Oh, wenn wir die zu Hause hätten, dann könnte uns Mutter einen feinen knusprigen Kartoffelpuffer backen!«

Als das der Kartoffelkönig hörte, hielt er an und schwuppdiwupp, verschwand er in ihrer Tasche. Er brummte: »Für zwei hungrige Kinder lass ich mich gerne kochen, schälen, braten!« Und die Kinder aßen zu Hause den feinen knusprigen Kartoffelpuffer mit Genuss!

Gesprächs- und Spielanregungen

- Der Kartoffelkönig wollte sich von den Kindern verspeisen lassen, von den Tieren aber nicht. Was meinst du warum?
- Wir gestalten alle Figuren aus rohen Kartoffeln. Die größte Kartoffel verzaubern wir mit einer Krone in einen Kartoffelkönig. Augen, Mund und Nase schneiden wir ein. Für die restlichen Figuren brauchen wir kleine und große Kartoffeln, diese verwandeln wir in einen Igel, Hasen, ein Wildschwein, eine Großmutter und die beiden Kinder.
- Wir spielen uns gegenseitig das Märchen des Kartoffelkönigs vor.
- Als Abschluss bereiten wir zusammen knusperige Reibekuchen, Kartoffelpuffer oder Rösti zu.

Was brauchen Kinder, um in Frieden aufzuwachsen?

Frieden wird allgemein definiert als ein heilsamer Zustand der Stille oder Ruhe, als die Abwesenheit von Störung und Beunruhigung. Um sich gut zu entwickeln, benötigen Kinder ein friedliches Klima zu Hause und in der Öffentlichkeit:

- Kinder brauchen gute Eltern, Liebe und Geborgenheit.
- Kinder brauchen verlässliche Beziehungen.
- Kinder brauchen Zeit, Raum und Material zum Spielen.
- Kinder brauchen andere Kinder.
- Kinder brauchen ein gesundes Selbstwertgefühl.
- Kinder brauchen Rituale und Feste.
- Kinder brauchen Märchen und Geschichten.
- Kinder brauchen Geheimnisse und innere Bilder.
- Kinder brauchen intakte Lebensräume.
- Kinder brauchen Werte, Freiheit und Grenzen.
- Kinder brauchen die Gelegenheit, mit Freude zu lernen.
- Kinder brauchen Mut, Freude, Humor und Zukunftsvisionen.

Liebe

Kinder benötigen bedingungslose Liebe, um sich gesund zu entwickeln. Nur wer sich angenommen und geliebt fühlt, kann mutig in die Welt hinausgehen und mit anderen Menschen seine Liebe teilen. Märchen zeigen uns: Es lohnt sich, anderen zu helfen und sich für das Gute einzusetzen. Im Märchen siegt die Kraft der Liebe über alles. Die Märchenheldinnen und -helden lösen auf ihrem Weg zum Ziel alle Probleme mit allumfassender Herzensliebe.

Märchen, die das Verständnis für Liebe stärken

Das Thema Liebe taucht in den folgenden Märchen und Geschichten in ganz unterschiedlichen Motiven auf: »Das verschwundene Christkind« zeigt, für Kinder sind Spielfiguren »lebendige« Freunde zum Liebhaben. Das klassische Grimm-Märchen »Die Sterntaler« spiegelt uns bedingungslose Liebe und Großzügigkeit. Manchmal sind Liebesbeweise auch unsichtbar wie in »der goldenen Schachtel«: Da packt ein kleines Mädchen ihre Küsse für den Vater in Geschenkpapier. Sie verschenkt Liebe mit großer Herzenswärme! »Die drei Söhne« weisen uns darauf hin, dass auch eine einfache Hausarbeit ein Liebesdienst sein kann. Der »Fundevogel« lehrt, Freunde und Freundinnen gehen zusammen durch dick und dünn. »Ihr werdet ein Kind finden« berichtet von Weihnachten, dem Fest der Liebe. Das Grimm-Märchen »Die sieben Raben« offenbart uns, dass nur die Schwester mit ihrer reinen Liebe ihre sieben verzauberten Brüder erlösen kann.

Drei Engel mögen dich begleiten
durch deine ganze Lebenszeit: die Engel, die ich meine,
sind Liebe, Glück und Zufriedenheit.

Alles kann man nicht kaufen

Diese kleine Parabel eines unbekannten Autors zum Thema Liebe fand ich im Internet. Sie zeigt uns, dass man Liebe nicht einfach wie eine Ware kaufen kann, sondern dass man dafür auch selber etwas tun muss. Ein Vater erzählt seinen Kindern:

Eines Nachts träumte mir, ich sei in einen Laden gegangen. Hinter der Theke stand ein Engel. Ich fragte ihn: »Was verkaufen Sie?« Der Engel antwortete freundlich: »Alles, was Sie wollen.« Da begann ich aufzuzählen: »Dann möchte ich Eltern, die sich gern mit ihren Kindern beschäftigen, die Zeit haben, Geduld und die sich nicht vor ihren Kindern streiten. Dann brauche ich noch die Abschaffung jeglicher Gewalt gegen Kinder und mehr Gemeinschaftssinn und Liebe, Liebe ohne Ende ...« Da unterbrach mich der Engel: »Entschuldigen Sie, mein Herr, Sie müssen mich falsch verstanden haben. Bei mir gibt es keine Früchte, nur Samen!«

Ein Weiser wurde gefragt,
welches die wichtigste Stunde sei,
die der Mensch erlebt,
welches der bedeutendste Mensch,
der ihm begegnet,
und welches das notwendigste Werk sei.

Die Antwort lautet:
Die wichtigste Stunde ist immer die Gegenwart,
der bedeutendste Mensch immer der,
der dir gerade gegenübersteht,
und das notwendigste Werk ist immer die Liebe.

Meister Eckart

LIEBE

Herzenswärme
Geborgensein
Zärtlichkeit
Zuneigung
Liebenswürdigkeit
Mitgefühl
Freundschaft
Verzeihen
Hilfsbereitschaft
Freude
Güte
Geduld
Teilen

SPRICHWÖRTER UND REDEWENDUNGEN ZUM THEMA LIEBE

Hier ein paar Sätze zum Nachdenken und Diskutieren für eine Gesprächsrunde. Es lohnt sich, mit Kindern über Sprichwörter zum Thema Liebe nachzudenken und Gespräche zu führen: Wie erlebe ich Liebe?

Wer malt abschließend ein Plakat seines Lieblingssprichworts?

Liebe deinen Nächsten wie dich selbst.
Die Liebe hat zwei Töchter: die Güte und die Geduld.
Der Erwachsene achtet auf Taten, das Kind auf Liebe.
Alte Liebe rostet nicht.
Was sich liebt, das neckt sich.
Wo die Liebe beginnt, hört die Gewalt auf.
Liebe siegt über alles.
Die Liebe ist einäugig, aber Hass macht blind.
Mit einem Freund an der Seite ist kein Weg zu schwer.
Wer Freunde ohne Fehler sucht, bleibt ohne Freunde.

Aus Kindermund: Ich bin froh, dass ich bin, wie ich bin

Schüler der 3. Klasse aus Roggwil in der Schweiz haben sich überlegt, was sie froh und glücklich macht. Sie kamen zum Schluss: Es braucht Liebe, Geborgenheit und Verlässlichkeit daheim und in der Schule. Sie sagten:

- Ich bin froh, weil ich viele Freundinnen habe.
- Ich bin froh, dass ich schön zeichnen kann und gut schlafe.
- Ich bin froh, dass ich Arme habe und gut klettern kann.
- Ich bin froh und glücklich, dass ich Fußball spielen kann.
- Ich bin froh, weil ich meine Eltern und meinen Bruder gern habe.
- Ich bin froh, weil ich gerne Pizza und Spinat esse.
- Ich bin froh, dass ich einen Kopf habe zum Denken.
- Ich bin froh, dass ich ein Mensch bin, weil das einfach das Beste ist.
- Ich bin froh, dass ich in die Schule gehen und etwas lernen kann.
- Ich bin froh, dass ich bin, wie ich bin.

Das verschwundene Christkind

Geschichte von Susanne Stöcklin-Meier

Die Geschichte erzählt von Freude, Dankbarkeit, Teilen, Sorgfalt, Aufrichtigkeit

Wissenswertes für die Erzählerin und den Erzähler: Kinder erleben Spielfiguren als »lebendige« Freunde. Sie sprechen mit ihnen und lassen sie an ihrem Leben teilhaben. Es sind Gefährten und Freunde zum Liebhaben. Hier geschieht genau das mit einer Krippenfigur, die als Jesuskind in der Krippe liegt. Florian dreht als Dank für sein neues Dreirad mit dem Jesuskind aus der Kirchenkrippe arglos eine Ehrenrunde auf dem Kirchplatz ... Erwachsene sollten wissen, dass Kinder im Spiel ganz im Hier und Jetzt sind, voller Liebe und Intensität. Deshalb haben sie oft einen anderen Blickwinkel auf eine bestimmte Situation als die Erwachsenen.

Kinder, es ist Zeit ins Bett zu gehen!« rief die Mutter, »wenn ihr euch rasch auszieht, erzähl ich eine Gutenachtgeschichte!« Das ließen sich die Mädchen nicht zweimal sagen. Im Nu waren sie für die Nacht bereit, denn sie liebten Bilderbücher und Geschichten. Am liebsten hörten sie Alltagsgeschichten, die die Mutter selber erlebt hatte oder für sie erfand. An kalten Winterabenden war das Zuhören im warmen Bett besonders gemütlich. Die Kinder kuschelten sich zurecht, die

Mutter setzte sich dazu und erzählte die Geschichte vom verschwundenen Christkind.

»Ein Küster hatte wie gewohnt seinen Kontrollgang durch die Kirche gemacht. Es war der zweite Weihnachtstag. Bei der Krippe blieb er etwas länger stehen und schaute die Figuren liebevoll an. ›Das gibt's doch nicht!‹, rief er plötzlich erschrocken. Joseph und Maria, der Esel und das Rind standen noch am selben Platz, doch die Krippe war leer! Das Jesuskind war verschwunden. Der Küster knurrte: ›Wer zum Kuckuck hat die Unverfrorenheit, das Christkind aus der Krippe zu stehlen?‹

Aufgeregt lief er ins Pfarrhaus hinüber und erzählte das Vorgefallene. Der Herr Pfarrer überzeugte sich an Ort und Stelle von dem Verlust. Während sich die beiden Herren lautstark über die Unverschämtheit des Diebstahls ausließen, öffnete sich leise die Kirchentür und Florian, der im blauen Haus am Kirchenplatz wohnte, schob sich herein. Er lachte übers ganze Gesicht. Seine Augen glänzten. Sorgfältig hielt er die Arme vor der Brust verschränkt. Er trippelte eilig durchs Mittelschiff und blieb wie angewurzelt stehen, als er die beiden Herren vor der Krippe beim Seitenaltar sah.

Sie riefen wie aus einem Munde: ›Was tust du da, Florian? Hast du das Christkind gestohlen?‹ Der fünfjährige Florian ließ sich von diesem Wortschwall nicht einschüchtern. Er schüttelte energisch den Kopf: ›Ich hab das Christkind nicht gestohlen, ich hab ihm eine Freude gemacht!‹ Sorgfältig schob er die Windjacke, den Pullover und das Hemd nach oben und zog das Christkind hervor.

›Es hat sich bestimmt nicht erkältet, es fühlt sich ganz warm an! Schaut, wie es lächelt.‹ Er streckte die fehlende Krippenfigur strahlend dem verdutzten Herrn Pfarrer entgegen. Der murmelte: ›Warum um alles in der Welt hast du die Figur weggenommen? Die Weihnachtskrippe in der Kirche ist doch nicht zum

Spielen da!‹ Florian erklärte: ›Ich habe zu Weihnachten ein wunderschönes rotes Dreirad bekommen. Es hat eine richtige Glocke. Mutter sagte mir, es sei vom Christkind. Ich wollte ihm nur Dankeschön sagen. Da hat es mir zugelächelt und mir die Ärmchen entgegengestreckt. Ich fragte, ob es vielleicht eine Runde mit mir fahren möchte. Es wollte! Jetzt haben wir zusammen eine Rundfahrt um die Kirche gemacht, und es hat ihm sehr gefallen!‹

Schmunzelnd legte der Pfarrer das Christkind zurück in die Krippe. Seit diesem Vorfall lächelt das Christkind immer besonders freundlich, wenn kleine Dreiradfahrer an der Krippe stehen!«

Nach der Geschichte deckte die Mutter ihre Töchter zu und sagte: »Schlaft gut, und träumt süß von Dreirädern und Krippenfiguren!«

Gesprächs- und Spielanregungen

- Warum ärgern sich der Küster und der Pfarrer?
- Warum nimmt Florian das Jesuskind aus der Krippe?
- Wer hat eine Krippe zu Hause und wie sieht die aus?
- Hat das Jesuskind oder eine andere Figur dir auch schon zugelächelt?
- Wer möchte mit verschieden großen Bauklötzen eine Krippe aufstellen?

Die Sterntaler

Märchen aus der Sammlung der Gebrüder Grimm

Das Märchen erzählt von Großzügigkeit, Freigiebigkeit, Mitgefühl, innerem Reichtum, Vertrauen, Zuversicht
Wissenswertes für die Erzählerin und den Erzähler: Das Märchen zeigt, wer aus Liebe alles weggibt, wird auf wundersame Weise belohnt. Die Glückssterne fallen vom Himmel und verwandeln sich in Gold. Im Alltag reicht es, wenn wir ab und zu auf etwas verzichten oder von Herzen mit jemandem teilen, der weniger hat als wir.

Nicht alle Reichen sind glücklich,
jedoch alle Glücklichen reich.

Es war einmal ein kleines Mädchen, dem waren Vater und Mutter gestorben, und es war so arm, dass es kein Kämmerchen mehr hatte, darin zu wohnen, und kein Bettchen mehr hatte, darin zu schlafen, und endlich gar nichts mehr als die Kleider auf dem Leib und ein Stückchen Brot in der Hand, das ihm ein mitleidiges Herz geschenkt hatte. Es war aber gut und fromm.

Weil es so von aller Welt verlassen war, ging es im Vertrauen auf Gott hinaus ins Feld. Da begegnete ihm ein armer Mann, der sprach: »Gib mir etwas zu essen, ich bin hungrig.« Es reichte ihm das ganze Stückchen Brot und ging weiter. Da kam ein Kind, das jammerte und sprach: »Es friert mich so an meinem Kopfe, schenk mir etwas, womit ich ihn bedecken kann.« Da tat es seine Mütze ab und gab sie ihm. Und als es noch eine Weile gegangen war, kam wieder ein Kind und hatte kein Leibchen an und fror: Da gab es ihm seins; und noch weiter, da bat eins um ein Röcklein, das gab es auch von sich hin. Endlich gelangte es in einen Wald, und es war schon dunkel geworden, da kam noch eins und bat um ein Hemdlein, und das fromme Mädchen dachte: »Es ist dunkle Nacht, da sieht dich niemand, du kannst wohl dein Hemd weggeben«, und zog das Hemd ab und gab es auch noch hin.

Und wie es so stand und gar nichts mehr hatte, fielen auf einmal die Sterne vom Himmel und waren lauter blanke Taler; und ob es gleich sein Hemdlein weggegeben, so hatte es ein neues an, und das war vom allerfeinsten Linnen. Da sammelte es die Taler auf und war reich sein Leben lang.

Gesprächs- und Spielanregungen

- Sogar sein letztes Hemd herzugeben scheint dem Mädchen nicht sehr schwer zu fallen. Warum wohl ist das so?
- Wir basteln zum Verschenken himmlische Glückssterne aus Goldpapier.

Die drei Söhne

Geschichte von Leo N. Tolstoi

Die Geschichte erzählt von Einfachheit, Wichtigtuerei/Bescheidenheit, Hilfsbereitschaft, Güte, unvoreingenommener Beobachtung
Wissenswertes für die Erzählerin und den Erzähler: Der alte Mann in dieser Geschichte beobachtet drei Jungen. Er gibt nichts auf das, was die Mütter über sie erzählen, sondern beurteilt sie danach, was sie tun. Ein wahrer Sohn ist für ihn der, der seiner Mutter hilft: unaufgefordert, selbstverständlich, aus freien Stücken. Der Junge sieht, was notwendig ist, und handelt entsprechend. Ein Sprichwort sagt:

Die kürzeste Antwort auf eine Bitte
ist die Tat.

Drei Frauen wollten am Brunnen Wasser holen. Nicht weit davon saß ein Greis auf einer Bank und hörte zu, wie die Frauen ihre Söhne lobten.

»Mein Sohn«, sagte die erste, »ist so geschickt, dass er alle anderen hinter sich lässt ... «

»Mein Sohn«, sagte die zweite, »singt so schön wie die Nachtigall! Es gibt keinen, der eine so schöne Stimme hat wie er.«

»Und warum lobst du deinen Sohn nicht?«, fragten sie die dritte, als diese schwieg. »Er hat nichts, was ich loben könnte«, entgegnete sie. »Mein Sohn ist nur ein gewöhnlicher Junge, er hat nichts Besonderes an sich. Aber ich hoffe, er wird einmal im Leben seinen Mann stehen.«

Die Frauen füllten ihre Eimer und machten sich auf den Heimweg. Der alte Mann aber ging langsam hinter ihnen her. Die Eimer waren schwer und die abgearbeiteten Hände schwach. Deshalb legten die Frauen eine Ruhepause ein, denn der Rücken tat ihnen weh.

Da kamen ihnen drei Jungen entgegen. Der erste stellte sich auf die Hände und schlug Rad um Rad. Die Frauen riefen: »Welch ein geschickter Junge!« Der zweite sang so herrlich wie die Nachtigall, und die Frauen lauschten andachtsvoll mit Tränen in den Augen. Der dritte Junge lief zu seiner Mutter, hob die Eimer auf und trug sie heim.

Da fragten die Frauen den Greis: »Was sagst du zu unseren Söhnen?« – »Eure Söhne?«, entgegnete der alte Mann verwundert. »Ich habe nur einen einzigen Sohn gesehen!«

Gesprächs- und Spielanregungen

- Zu zeigen, was man gut kann, ist schön; dafür gelobt zu werden auch. Am schönsten ist es jedoch, Dinge einfach deshalb zu tun, weil man sie selbst gut und richtig findet. Welchem der drei Jungen geht es so?
- Wie empfinden die Kinder das Verhalten der drei? Und was ist ihre eigene Erfahrung? Wann helfen sie den Eltern gerne, wann nicht so gerne?
- Wer hätte Lust, der Mutter in nächster Zeit jeden Tag freiwillig bei einer Arbeit zu helfen? Wie wäre es mit Tisch decken, Papierkörbe leeren, Blumen gießen, Katzen füttern, Meerschweinchen misten, Einkaufstaschen tragen, schmutzige Wäsche in den Waschkorb legen, Wäsche aufhängen, Schuhe putzen? Wer hat noch eine Idee?

Dein Name in Gold

Geschichte von A. F. Bauman

Die Geschichte erzählt von Selbstwertgefühl, Einfühlungsvermögen, Neid/Großzügigkeit, Liebe

Wissenswertes für die Erzählerin und den Erzähler: Für das Selbstwertgefühl der Kinder ist es wichtig, dass sie bewusst erleben: »Ich bin ich«. Darum ist Anne der Anstecker mit ihrem Namen in Gold so wichtig. Mary erfüllt ihrer kleinen Schwester diesen Herzenswunsch. Sie bestellt ihr heimlich den Anstecker mit den goldenen Buchstaben. Obwohl Anna missmutig und eifersüchtig auf sie ist, handelt ihre große Schwester mit Herzenswärme.

Anne saß am Frühstückstisch, aß ihre Cornflakes und las die Aufschrift auf der Packung, die vor ihr stand. »Leckere Cornflakes – Das Superangebot!«, war dort zu lesen. »Informieren Sie sich auf der Rückseite über die Einzelheiten.«

Annes ältere Schwester Mary saß ihr gegenüber und las die andere Seite der Cornflakespackung. »Hey, Anne«, sagte sie, »hör dir dieses tolle Angebot an – dein Name in Gold.«

Als Mary weiterlas, wurde Annes Interesse an dem Angebot immer größer. »Sende nur einen Dollar zusammen mit dem Verkaufssiegel dieser Verpackung ein, und trage deinen Vornamen in die dafür vorgesehenen Kästchen ein. Dann erhältst du eine besondere Anstecknadel, auf der dein Name in Gold steht (pro Familie bitte nur eine Zuschrift).«

Anne nahm die Verpackung und schaute sich die Rückseite an, ihre Augen leuchteten vor Aufregung. »Das ist eine tolle Idee«, sagte sie. »Ein Anstecker mit meinem eigenen Namen in Goldbuchstaben. Ich werde mitmachen.«

»Tut mir Leid, Anne, ich habe es zuerst entdeckt«, sagte Mary, »also steht es mir zu. Außerdem hast du keinen Dollar zum Einsenden, ich aber schon.«

»Aber ich möchte so gerne eine solche Anstecknadel haben«, erwiderte Anne. »Lass mich sie bitte haben.«

»Keine Chance«, sagte ihre Schwester.

»Du setzt deinen Kopf immer durch – nur weil du älter bist als ich«, meinte Anne. Ihre Unterlippe zitterte, und ihre Augen füllten sich mit Tränen. »Mach weiter so und schick es ab. Ist mir doch egal!« Sie warf ihren Löffel hin und rannte aus der Küche hinaus.

Mehrere Wochen vergingen. Eines Tages brachte der Briefträger ein kleines Päckchen für Mary. Anne konnte es kaum erwarten, die Anstecknadel zu sehen, doch sie wollte sich Mary gegenüber nichts davon anmerken lassen. Mary nahm das Päckchen mit in ihr Zimmer. Anne folgte ihr wie zufällig und setzte sich auf ihr Bett.

»Ich nehme an, sie haben dir deine Anstecknadel geschickt. Ich hoffe natürlich, dass sie dir gefällt«, sagte Anne mit einem gemeinen Unterton in der Stimme. Mary wickelte das Päckchen langsam aus. Sie öffnete eine kleine weiße Schachtel und lüftete vorsichtig die obere Schicht weißer Watte. »Oh, sie ist wunderschön!«, sagte Mary. »Genau wie es auf der Cornflakespackung stand, dein Name in Gold. Vier wunderschöne Buchstaben. Möchtest du sie sehen, Anne?«

»Nein, mir ist deine alberne alte Anstecknadel völlig egal.«

Mary verstaute die weiße Schachtel in ihrem Kleiderschrank und ging hinunter. Anne blieb allein im Schlafzimmer zurück. Bald konnte sie nicht mehr länger warten, also ging sie zum

Kleiderschrank. Als sie in die kleine weiße Schachtel schaute, schnappte sie nach Luft. Gemischte Gefühle der Liebe zu ihrer Schwester und der Scham über sich selbst stiegen in ihr auf, und die Anstecknadel schimmerte in glänzendem Gold durch ihre Tränen hindurch.

Dort auf der Anstecknadel standen vier wunderschöne Buchstaben – ihr Name in Gold: A-N-N-E.

Gesprächs- und Spielanregungen

- Wer malt oder bastelt liebevoll den Namen seiner Geschwister oder Freunde in großen, bunten Lettern als Überraschungsgeschenk?
- Für eine Geburtstagsüberraschung können wir den Vornamen auch als einzelne Buchstaben aus Teig formen und backen. Sie werden anschließend garniert mit Schokoladenglasur, farbigen Smarties, Silberperlen, Zuckerblumen, Schokoladenstreusel usw. Schön wirken die Buchstaben auf einer farbigen Unterlage oder auf Alufolie.
- Warum wollte Mary ihrer Schwester nicht erzählen, dass sie die Anstecknadel für Anne bestellt hatte?

Fundevogel

Märchen aus der Sammlung der Gebrüder Grimm

Das Märchen erzählt von Liebe, Freundschaft, Eifersucht, Treue, Zuversicht, Mut, Gefahr, Geborgenheit
Wissenswertes für die Erzählerin und den Erzähler: Dieses Märchen handelt in typischer Märchenweise vom Umgang mit bösen Kräften, die hier von der Köchin verkörpert werden. Lenchen hat Fundevogel so lieb, als wäre er ihr eigener Bruder. Mutig und erfinderisch stehen sich die Kinder gegenseitig bei. Das viermal wiederholte Treueversprechen »Verlässt du mich nicht, so verlass' ich dich auch nicht!« – »Nun und nimmermehr« wirkt wie ein Ritual, das im Angesicht der Gefahr besondere Kräfte verleiht. Der Dichter Friedrich Hölderlin macht uns Mut:

Wo Gefahr ist, wächst das Rettende auch.

Es war einmal ein Förster, der ging in den Wald auf die Jagd, und wie er in den Wald kam, hörte er Schreien, als ob's ein kleines Kind wäre. Er ging dem Schreien nach und kam endlich zu einem hohen Baum, und oben darauf saß ein kleines Kind. Es war aber die Mutter mit dem Kinde unter dem Baum eingeschlafen, und ein Raubvogel hatte das Kind in ihrem Schoße gesehen; da war er hinzu geflogen, hatte es mit seinem Schnabel weggenommen und auf den hohen Baum gesetzt.

Der Förster stieg hinauf, holte das Kind herunter und dachte: Du willst das Kind mit nach Haus nehmen und mit deinem Lenchen zusammen aufziehen. Er brachte es also heim, und die zwei Kinder wuchsen miteinander auf. Das aber, das auf dem Baum gefunden worden war und weil es ein Vogel weggetragen hatte, wurde Fundevogel geheißen. Fundevogel und Lenchen hatten sich so lieb und wenn eins das andere nicht sah, ward es traurig.

Der Förster hatte aber eine alte böse Köchin, die nahm eines Abends zwei Eimer und fing an Wasser zu schleppen und ging nicht einmal, sondern vielmal hinaus an den Brunnen. Lenchen sah es und sprach: »Hör einmal, alte Susanne, was trägst du denn so viel Wasser zu?« – »Wenn du's keinem Menschen weitersagen willst, so will ich dir's wohl sagen.« Da sagte Lenchen, nein, sie wolle es keinem Menschen weitersagen; so sprach die böse Köchin: »Morgen früh, wenn der Förster auf die Jagd ist, da koche ich das Wasser, und wenn's im Kessel siedet, werfe ich den Fundevogel hinein und will ihn darin kochen.«

Des andern Morgens in aller Frühe stand der Förster auf und ging auf die Jagd, und als er weg war, lagen die Kinder noch im Bett. Da sprach Lenchen zum Fundevogel: »Verlässt du mich nicht, so verlass' ich dich auch nicht«; so sprach der Fundevogel: »Nun und nimmermehr.« Da sprach Lenchen: »Ich will es dir nur sagen, die alte Susanne schleppte gestern Abend so viel Eimer Wasser ins Haus, da fragte ich sie, warum sie das täte, so sagte sie, wenn ich's keinem Menschen sagen wollte, so wollte sie es mir wohl sagen. Sprach ich, ich solle es gewiss keinem Menschen sagen; da sagte sie, morgen früh, wenn der Vater auf die Jagd wäre, wollte sie den Kessel voll Wasser sieden, dich hineinwerfen und kochen. Wir wollen aber geschwind aufstehen, uns anziehen und zusammen fortgehen.«

Also standen die beiden Kinder auf, zogen sich geschwind an und gingen fort. Wie nun das Wasser im Kessel kochte, ging die

Köchin in die Schlafkammer, wollte den Fundevogel holen und ihn hineinwerfen. Aber als sie zu den Betten trat, waren die Kinder alle beide fort; da wurde ihr angst, sie sprach: »Was will ich sagen, wenn der Förster heimkommt und sieht, dass die Kinder weg sind?«

Da schickte die Köchin drei Knechte nach, die sollten laufen und die Kinder einfangen. Die Kinder aber saßen vor dem Wald, und als sie die drei Knechte von weitem laufen sahen, sprach Lenchen zum Fundevogel: »Verlässt du mich nicht, so verlass' ich dich auch nicht.« So sprach Fundevogel: »Nun und nimmermehr.« Da sagte Lenchen: »Werde du zum Rosenstöckchen und ich zum Röschen darauf!« Wie nun die drei Knechte vor den Wald kamen, so war nichts da als ein Rosenstrauch und ein Röschen oben drauf, die Kinder aber nirgends. Da sprachen sie: »Hier ist nichts zu machen«, und gingen heim und sagten der Köchin, sie hätten nichts gesehen als nur ein Rosenstöckchen und ein Röschen oben darauf. Da schalt die alte Köchin: »Ihr Einfaltspinsel, ihr hättet das Rosenstöckchen sollen entzwei schneiden und das Röschen abbrechen und mit nach Haus bringen, geschwind und tut's!«

Sie mussten zum zweiten Mal hinaus und suchen. Die Kinder sahen sie aber von weitem kommen; da sprach Lenchen: »Fundevogel, verlässt du mich nicht, so verlass' ich dich auch nicht.« Fundevogel sagte: »Nun und nimmermehr.« Sprach Lenchen: »So werde du eine Kirche und ich die Krone darin!« Als die drei Knechte dahin kamen, war nichts da als eine Kirche und eine Krone darin. Sie sprachen: »Was sollen wir hier machen? Lasst uns nach Hause gehen!« Wie sie nach Haus kamen, fragte die Köchin, ob sie nichts gefunden hätten. Da sagten sie: »Nein, wir haben nichts gefunden. Nur eine Kirche mit einer Krone darin.« – »Narren«, schalt die Köchin, »warum habt ihr nicht die Kirche zerbrochen und die Krone mitgebracht?«

Nun machte sich die alte Köchin selbst auf die Beine und ging mit den drei Knechten den Kindern nach. Die Kinder sahen aber die drei Knechte von weitem kommen, und die Köchin wackelte hinten nach. Da sprach Lenchen: »Fundevogel, verlässt du mich nicht, so verlass' ich dich auch nicht.« Da sprach der Fundevogel: »Nun und nimmermehr.« Sprach Lenchen: »Werde zum Teich und ich die Ente drauf!« Die Köchin aber kam herzu; und als sie den Teich sah, legte sie sich drüber hin und wollte ihn aussaufen. Aber die Ente kam schnell geschwommen, fasste sie mit ihrem Schnabel beim Kopf und zog sie ins Wasser hinein; da musste die alte Hexe ertrinken. Da gingen die Kinder zusammen nach Haus und waren herzlich froh; und wenn sie nicht gestorben sind, so leben sie noch heute.

Gesprächs- und Spielanregungen

- Das Märchen eignet sich wunderbar zum Nachspielen mit verteilten Rollen.
- Warum wohl will die Köchin den Fundevogel kochen? Wer hat Ideen? Vielleicht ist sie eifersüchtig auf die starke Liebe, die die beiden Kinder füreinander haben? Wer weiß aus eigener Erfahrung, wie sich das anfühlt? Wie hätte sich die Köchin anders verhalten können?
- Lenchen verspricht der Köchin, nicht weiterzusagen, wofür diese das Wasser holt. Sie tut es aber doch. War das richtig? Was sind »gute«, was sind »schlechte« Geheimnisse? Wem sollten wir davon erzählen?

Die Apfelsine des Waisenknaben

Geschichte von Charles Dickens

Die Geschichte erzählt von Kameradschaft, Freundlichkeit, Großzügigkeit, Teilen, Hartherzigkeit/Einfühlungsvermögen, Ausgeschlossensein/Miteinander

Wissenswertes für die Erzählerin und den Erzähler: In seiner Not erlebt der Waisenjunge an Weihnachten die Herzenswärme und Freundschaft seiner Leidensgenossen. Die Knaben teilen ihre wertvolle Apfelsine aus Liebe mit ihrem Freund, der vom Waisenvater ungerechterweise als Strafe vom Weihnachtsfest ausgeschlossenen wird, weil er einmal im Sommer weglaufen wollte. Er entdeckt :

Mit Freunden an der Seite ist
kein Weg zu schwer!

Schon als kleiner Junge hatte ich meine Eltern verloren und kam mit neun Jahren in ein Waisenhaus in der Nähe von London. Es war mehr wie ein Gefängnis. Wir mussten 14 Stunden am Tage arbeiten – im Garten, in der Küche, im Stall, auf dem Felde. Kein Tag brachte eine Abwechslung, und im ganzen Jahr gab es für uns nur einen einzigen Ruhetag: Das war der Weihnachtstag. Dann bekam jeder Junge eine

Apfelsine zum Christfeste. Das war alles. Keine Süßigkeiten. Kein Spielzeug.

Aber auch diese eine Apfelsine bekam nur derjenige, der sich im Laufe des Jahres nichts hatte zuschulden kommen lassen und immer folgsam war. Diese Apfelsine an Weihnachten verkörperte die Sehnsucht eines ganzen Jahres. So war wieder einmal das Christfest herangekommen. Aber es bedeutete für mein Knabenherz fast das Ende der Welt. Während die anderen Jungen am Waisenhausvater vorbeischritten und jeder seine Apfelsine in Empfang nahm, musste ich in einer Zimmerecke stehen und zusehen. Das war meine Strafe dafür, dass ich eines Tages im Sommer hatte aus dem Waisenhaus weglaufen wollen.

Als die Geschenkverteilung vorüber war, durften die anderen Knaben im Hofe spielen. Ich aber musste in den Schlafraum gehen und dort den ganzen Tag über im Bett liegen bleiben. Ich war tieftraurig und beschämt. Ich weinte und wollte nicht länger leben. Nach einer Weile hörte ich Schritte im Zimmer. Eine Hand zog die Bettdecke weg, unter die ich mich verkrochen hatte. Ich blickte auf. Ein kleiner Junge namens William stand vor meinem Bett, hatte eine Apfelsine in der rechten Hand und hielt sie mir entgegen. Ich wusste nicht, wie mir geschah. Wo sollte eine überzählige Apfelsine hergekommen sein? Ich sah abwechselnd auf William und auf die Frucht und fühlte dumpf in mir, dass es mit der Apfelsine eine besondere Bewandtnis haben müsse. Auf einmal kam mir zu Bewusstsein, dass die Apfelsine bereits geschält war, und als ich näher hinblickte, wurde mir alles klar, und Tränen traten in meine Augen. Und als ich die Hand ausstreckte, um die Frucht entgegenzunehmen, da wusste ich, dass ich fest zupacken musste, damit sie nicht auseinanderfiel. Was war geschehen? Zehn Knaben hatten sich im Hof zusammengetan und beschlossen, dass auch ich zu Weihnachten meine Apfelsine haben müsse. So hatte jeder die seine geschält und eine Scheibe abgetrennt, und die zehn abgetrennten Scheiben hatten sie sorgfältig zu einer neuen, schönen und runden Apfelsine zusammengesetzt.

Diese Apfelsine war das schönste Weihnachtsgeschenk in meinem Leben. Sie lehrte mich, wie trostvoll echte Kameradschaft sein kann.

Gesprächsanregungen

- In dieser Geschichte wird der Waisenknabe vom Waisenhausvater an Weihnachten ebenso schlecht behandelt, wie das im Märchen die bösen Stiefmütter tun. Muss das so sein? Kennst du im richtigen Leben ein Adoptivkind, das liebevolle Adoptiveltern hat?
- Was tust du für Freunde oder Freundinnen, die in Not sind?

Aus Kindermund: Was sind und tun gute Freunde heute?

Diese Fragen beantworteten uns Schulkinder einer 4. Klasse aus München:

- Ich muss ihnen vertrauen können. Sie müssen Geheimnisse bewahren können. Sie müssen nett und fröhlich sein. Ich muss sie gern mögen.
- Sie helfen, wenn du sie brauchst, sie kümmern sich um mich. Sie trösten einander, wenn einer traurig ist. Sie geben dir Mut und spielen mit dir.
- Sich nicht belügen, nicht im Stich lassen, nicht beklauen. Ein Eis spendieren und gemeinsam etwas unternehmen. Zusammen Spaß haben.
- Gute Freunde kennt man gut. Wichtig ist bei guten Freunden, dass man zusammenhält und einander vergibt.

Die goldene Schachtel

Geschichte von Paul Powers

Die Geschichte erzählt von Liebe, Wertschätzung, Großzügigkeit, Einfallsreichtum, unsichtbaren Geschenken, Ärger/Verzeihen, ein Missverständnis oder die eigene Schuld eingestehen

Wissenswertes für die Erzählerin und den Erzähler: Manchmal sehen Handlungen von Kindern für Erwachsene ganz anders aus, als sie in Wirklichkeit gemeint sind. Darum sollte man, bevor man losschimpft, schlucken, einen Moment abwarten und zurückfragen: »Was meinst du damit?« oder »Warum hast du das getan?«

Es war Weihnachten und die kleine Tochter überreichte dem Vater eine golden verpackte Schachtel. Sie hatte dafür das gesamte wertvolle Geschenkpapier aufgebraucht und weil das Geld knapp war, war der Vater darüber verärgert.

Als er dann das Geschenk öffnete und sah, dass die Schachtel leer war, schimpfte er los: »Weißt du denn nicht, junge Dame, dass wenn man jemandem ein Geschenk gibt, auch etwas in der Verpackung sein muss?«, fragte er. Die Augen seiner Tochter füllten sich mit Tränen und sie sagte: »Aber Papa, die Schachtel ist nicht leer. Ich habe so viele Küsschen hineingetan, bis sie ganz voll war.« Beschämt nahm der Vater seine Tochter in den Arm und bat sie um Verzeihung.

Spielanregungen

- Wir verpacken »unsichtbare Wünsche« in schön verzierte Schächtelchen. Ob der Beschenkte die unsichtbare Gabe erraten kann?
- Kinder lieben das Auspacken von Geschenken. Wie wäre es, wenn wir ihnen einen kleinen Gegenstand wie einen Ring, ein Minipüppchen oder ein kleines Auto in eine Streichholzschachtel stecken und diese in schönes Geschenkpapier wickeln? Das Minigeschenk wird nun in fünf, sechs immer größer werdende Schachteln verpackt. Die Freude beim Auspacken ist für Kinder mindestens so groß wie das Entdecken des kleinen Geschenks.

Gesprächsanregung

- Das Mädchen ist unglücklich, weil der Vater ihr Geschenk nicht verstanden hat. Ist es dir auch schon einmal so gegangen, dass Erwachsene dich missverstanden haben und du darüber traurig warst? Was kann dann helfen?

Ihr werdet ein Kind finden!

Biblische Geschichte aus dem Neuen Testament,
erzählt von Vreni Merz

Die Bibelgeschichte erzählt von Angst/Vertrauen, Staunen, Offenheit, Liebe, Miteinander, Friede

Wissenswertes für die Erzählerin und den Erzähler: Die Geburt Jesu zu Weihnachten steht in der christlichen Religion als Symbol für die Liebe Gottes: Mitten in einer Winternacht, wenn es dunkel und kalt ist, schickt Gott den Heiland zu den Menschen. Nicht als machtvollen Krieger oder unnahbaren König; ein Neugeborenes liegt in einem Futtertrog, aus dem Ochs und Esel im Stall sonst ihr Heu fressen. Offen und ohne Scheu können wir wie die Hirten auf das Kind zugehen und uns über seine Geburt freuen.

Es war mitten in der Nacht. Draußen auf dem Feld saßen Hirten und hielten Nachtwache bei ihren Schafen. Plötzlich kam ein Engel voller Licht und Glanz. Was war das? Die Hirten erschraken; sie hatten Angst.

Aber der Engel sprach: »Fürchtet euch nicht! Ich verkünde euch eine große Freude – eine Freude für euch und alle Menschen. Heute ist euer Retter geboren, in Bethlehem, in der Stadt Davids! Ihr werdet ein Kind finden. Es ist in Windeln gewickelt und liegt in einer Krippe. Das ist das Zeichen, daran könnt ihr es erkennen!«

Und plötzlich waren mit dem Engel noch viele Engel da – eine riesige Schar von Engeln am Himmel. Sie alle lobten Gott. Sie sangen: »Ehre sei Gott in der Höhe und Friede den Menschen auf Erden!«

Dann kehrten die Engel zum Himmel zurück. Da sagten die Hirten zueinander: »Kommt, wir gehen nach Bethlehem, um zu sehen, was geschehen ist.«

Sie liefen so schnell sie konnten. Und was fanden sie? Maria und Josef und das Kind, das in der Krippe lag. Es war genau so, wie es der Engel gesagt hatte.

Dann gingen sie fort und erzählten überall, was sie gehört und gesehen hatten. Und alle staunten über das, was die Hirten sagten.

Maria aber behielt alles in ihrem Herzen. Und sie dachte darüber nach. Die Hirten aber kehrten zu ihren Schafen zurück und lobten Gott für alles, was geschehen war.

Spielanregungen

- Stellen Sie mit den Kindern eine Krippe auf. Besonders persönlich und originell wird sie, wenn die Kinder statt der käuflichen Figuren selber Figuren basteln oder Gegenstände in der Umgebung finden, mit denen sie Maria, Josef, das Kind, die Hirten, die Schafe, den Esel und den Ochs darstellen können.

Ein Engel unterm Dach

Schülergeschichte von Robin Rickenbacher,
12 Jahre

Die Geschichte erzählt von Liebe, Hilfsbereitschaft, Mitgefühl, Fürsorge, dem Wunsch, dass es einem geliebten Menschen besser geht, Vertrauen

Wissenswertes für die Erzählerin und den Erzähler: Es ist erstaunlich, wie feinfühlig der zwölfjährige Robin dieses Wunder der Heilung beschreibt. Als »Glücksfee« lässt er den Engel erscheinen. Dieser sagt: »Ich bin ein Engel und zugleich jemand, der die sehnlichsten Wünsche wahr werden lässt.«

Finn sah zu seiner Mutter, die bleich im Bett lag. Sie war krank. Schon seit Tagen hütete sie das Bett wegen einer schweren Grippe. Gerne hätte er ihr geholfen, doch sie waren sehr arm und konnten sich keinen Arzt leisten. »Du solltest jetzt ins Bett gehen«, sagte seine Mutter schwach. Aber er wollte nicht gehen, er wollte bei ihr bleiben und etwas tun. Doch schließlich gab er nach und ging.

Im Bett war es kalt, Wind pfiff durch die Ritzen und Finn zog die Decke bis zur Nase hoch. Plötzlich hörte er ein Geräusch. Es klang nicht wie das ständige Husten seiner Mutter. Es klang, als wenn Flügel flatterten, nur leiser. Leise stieg Finn aus dem Bett und folgte dem Geräusch. Es schien vom Dachboden zu kommen. Geschickt lief er auf Zehenspitzen um die knarrenden Holzdielen herum, um keinen Lärm zu verursachen. Als er auf dem Dachboden ankam, blendete ihn ein grelles Licht. Mit zusammengekniffenen Augen konnte er eine Gestalt erkennen. »Wer bist du?«, fragte Finn. Seine Stimme klang ängstlich und leise. »Ich bin ein Engel und zugleich jemand, der die sehnlichsten Wünsche wahr werden lässt«, sagte der Engel. Dann wurde es so hell, dass Finn ohnmächtig wurde.

Als ihn am nächsten Morgen seine gesunde Mutter weckte, wusste er, dass sein Wunsch in Erfüllung gegangen war.

Gesprächs- und Spielanregungen

- Wann und wo hast du auch schon die Hilfe eines Schutzengels gespürt?
- Wer zeichnet den schönsten Engel und verschenkt sein Bild?
- Wer bastelt einen fröhlichen Himmelsboten?

Die sieben Raben

Märchen aus der Sammlung der Gebrüder Grimm

Das Märchen erzählt von Ärger und seinen Konsequenzen, hingebungsvoller Liebe, Mut, Durchhaltevermögen, Opferbereitschaft
Wissenswertes für die Erzählerin und den Erzähler: Der Vater sagt aus Ärger über seine sieben Söhne: »Ich wollte, dass die Jungen alle zu Raben würden!« Gut, dass sich nicht all unsere Wünsche so umgehend erfüllen! Die kleine Schwester der sieben Brüder hat in der Folge einiges zu tun, bis aus den schwarzen Vögeln wieder Menschen werden. Auf der Suche nach ihren Brüdern durchwandert sie die ganze Welt, kommt zur Sonne, zum Mond und den Sternen. Der Morgenstern gibt ihr ein Hinkelbeinchen, mit dem sie den Glasberg aufschließen kann – um dort ihre Brüder zu finden. »Gott gebe, unser Schwesterlein wäre da, so wären wir erlöst«, wünscht sich der siebte Rabe. Als das Mädchen hervortritt, bekommen alle Raben ihre menschliche Gestalt zurück: Die Liebe der Schwester hat sie erlöst.

Ein Mann hatte sieben Söhne und immer noch kein Töchterchen, so sehr er sich auch eins wünschte; endlich gab ihm seine Frau wieder gute Hoffnung zu einem Kinde, und wies zur Welt kam, war's ein Mädchen. Ob es gleich schön war, so war's doch auch schmächtig und klein und sollte wegen seiner Schwachheit die Nottaufe haben. Da schickte der Vater einen der Knaben eilends zur Quelle, Taufwasser zu holen, und die andern sechs liefen mit. Jeder wollte aber der erste beim Schöpfen sein, und darüber fiel ihnen der Krug in den Brunnen. Da standen sie und wussten nicht, was sie tun sollten, und keiner getraute sich heim. Dem Vater ward unter der Weile angst, das Mädchen müsste ungetauft sterben, und wusste gar nicht, warum die Jungen so lange ausblieben. »Gewiss«, sprach er, »haben sie wieder die Zeit vergessen bei einem Spiel«; und als sie immer nicht kamen, fluchte er im Ärger: »Ich wollte, dass die Jungen alle zu Raben würden.« Kaum war das Wort ausgeredet, so hörte er ein Geschwirr über seinem Haupt in der Luft, blickte auf und sah sieben kohlschwarze Raben auf und davon fliegen.

Die Eltern konnten die Verwünschung nicht mehr zurücknehmen, und so traurig sie über den Verlust ihrer sieben Söhne waren, trösteten sie sich doch einigermaßen durch ihr liebes Töchterchen, das bald zu Kräften kam und mit jedem Tage schöner ward. Es wusste lange Zeit nicht einmal, dass es Geschwister gehabt hatte. Die Eltern hatten sie nie erwähnt. Eines Tages hörte es die Leute sagen, das Mädchen wäre wohl schön, aber doch eigentlich schuld an dem Unglück seiner sieben Brüder. Da ward es ganz betrübt, ging zu Vater und Mutter und fragte, ob es denn Brüder gehabt hätte und wo sie hingeraten wären? Nun konnten die Eltern das Geheimnis nicht länger verschweigen. Sie sagten: »Deine Geburt hatte nichts mit den schrecklichen Umständen zu tun. Es war ein entsetzliches Unglück!« Allein das Mädchen machte sich täglich ein Gewissen daraus und glaubte, es müsste seine Geschwister wieder erlösen. Es hatte nicht Ruhe und Rast, bis es sich heimlich aufmachte und in die weite Welt ging, seine Brüder irgendwo aufzuspüren und zu befreien, es möchte kosten, was es wollte. Es nahm nichts mit sich als ein Ringlein von seinen Eltern zum Andenken, einen Laib Brot für den Hunger, ein Krüglein Wasser für den Durst und ein Stühlchen für die Müdigkeit.

Nun ging es immer zu, weit, weit bis an der Welt Ende. Da kam es zur Sonne, aber die war zu heiß und fürchterlich und fraß

die kleinen Kinder. Eilig lief es weg und hin zu dem Mond, aber der war gar zu kalt und auch grausig und bös, und als er das Kind merkte, sprach er: »Ich rieche, rieche Menschenfleisch.« Da machte es sich geschwind fort und kam zu den Sternen, die waren ihm freundlich und gut, und jeder saß auf seinem besondern Stühlchen. Der Morgenstern aber stand auf, gab ihm ein Hinkelbeinchen und sprach: »Wenn du das Beinchen nicht hast, kannst du den Glasberg nicht aufschließen, und in dem Glasberg, da sind deine Brüder.«

Das Mädchen nahm das Beinchen, wickelte es wohl in ein Tüchlein und ging wieder fort, so lange, bis es an den Glasberg kam, dessen Tor verschlossen war. Nun wollte es das Beinchen hervorholen, aber wie es das Tüchlein aufmachte, so war es leer, und es hatte das Geschenk der guten Sterne verloren. Was sollte es nun anfangen? Seine Brüder wollte es erretten und hatte keinen Schlüssel zum Glasberg. Das gute Schwesterchen nahm ein Messer, schnitt sich sein kleines Fingerchen ab, steckte es in das Tor und schloss glücklich auf. Als es hineingetreten war, kam ihm ein Zwerglein entgegen, das sprach: »Mein Kind, was suchst du?« – »Ich suche meine Brüder, die sieben Raben.« Das Zwerglein sprach: »Die Herren Raben sind nicht zu Haus, aber willst du hier so lang warten, bis sie kommen, so tritt ein.« Darauf brachte das Zwerglein die Speise der Raben auf sieben Tellerchen und in sieben Becherchen. Von jedem Tellerchen aß das Schwesterchen ein Bröckchen, und aus jedem Becherchen trank es ein Schlückchen, in das letzte Becherchen aber ließ es das Ringlein fallen, das es mitgenommen hatte.

Auf einmal hörte es in der Luft ein Geschwirr. Da sprach das Zwerglein: »Jetzt kommen die Herren Raben heimgeflogen.« Da kamen sie, wollten essen und trinken und suchten ihre Tellerchen und Becherchen. Da sprach sie: »Wer hat von meinem Tellerchen gegessen? Wer hat aus meinem Becherchen getrunken? Das ist eines Menschen Mund gewesen«. Und wie der siebte den Grund des Bechers erblickte, rollte ihm das Ringlein entgegen. Da erkannte er, dass es ein Ring von Vater und Mutter war. Er sprach: »Gott gebe, unser Schwesterlein wäre da, so wären wir erlöst.« Wie das Mädchen, das hinter der Türe stand, den Wunsch hörte, trat es hervor und die Raben bekamen ihre menschliche Gestalt wieder. Sie herzten und küssten einander und zogen fröhlich heim.

Gesprächs- und Spielanregungen

- Warum ist der Krug zerbrochen? Warum sind die Brüder zu Raben geworden?
- Wie hat das Schwesterlein von seinen Brüdern erfahren?
- Warum geht es auf die Reise? Was erlebt es auf seinem Weg über die Welt, zur Sonne, dem Mond und den Sternen, bis zum Glasberg?
- Was fühlten die sieben Brüder und das Schwesterlein nach der Erlösung?
- Der Erzähler kann in den folgenden Tagen den Kindern anbieten, die einzelnen Stationen des Märchens zu dramatisieren. Als Requisit für die Verwandlung der Raben eignen sich schwarze Krepppapierstreifen an ein Gummiband geknotet und um das Handgelenk befestigt. Nach der Verwünschung öffnen die Kinder die Hände, in denen die Streifen versteckt waren, lassen die Bänder flattern und fliegen als Raben davon.

Gewaltlosigkeit

Gewaltlosigkeit ist eine Lebens- und Geisteshaltung, die grundsätzlich eine Schädigung und Verletzung von Lebewesen aller Art vermeidet. Gewaltfreiheit geht davon aus, dass Gewalt oder deren Androhung Probleme nicht lösen und Ungerechtigkeit oder Unterdrückung nicht beseitigen kann.

Der »sanfte Revolutionär« und Pastor aus Berufung, der amerikanische Bürgerrechtler Martin Luther King Jr., war geleitet von einem unerschütterlichen Glauben an das Gute in jedem Menschen und der Überzeugung, dass Menschen aller Rassen durch das praktizierte Beispiel des gewaltlosen Widerstands von Unterdrückung, Intoleranz, Vorurteilen und Überheblichkeit befreit werden können. Er bewegte und veränderte Amerika und regte Millionen von Menschen weltweit zum Nachdenken an. Sein Motto:

Ich werde gewaltlos sein, weil ich darin die Antwort auf die Probleme der Menschheit sehe.

Auch der große indische Freiheitskämpfer Mahatma Gandhi sah den Weg zu einer zukünftigen friedlichen Welt darin:

Ich glaube an die Gewaltlosigkeit als einziges Heilmittel.

Zur Gewalt gehören nach Gandhi auch negative Gedanken, Lüge, Hass und übermäßige Eile. Er war überzeugt, dass die Menschen durch Geduld und andauerndes Bemühen lernen können, mit sich selbst und anderen in Frieden zu leben. Erziehung zur Gewaltlosigkeit beginnt beim kleinen Kind. Es lernt durch Nachahmung, darum ist wichtig, dass Eltern und Erziehende ihm ein gutes Beispiel vorleben. Gandhi sagte:

Sei du selbst die Veränderung, die du dir wünschst.

WIE ERZIEHEN WIR KINDER ZUR GEWALTLOSIGKEIT?

Alle Menschen tragen das Potential zur Gewalt in sich. Die moderne Hirnforschung zeigt: Das Gehirn verändert sich gemäß seiner Nutzung. Beständige Wiederholungen stärken die entsprechenden Verbindungen von Nervenzellen und so entstehen Gewohnheiten, die sich schwer wieder rückgängig machen lassen. Es ist daher wichtig, Aggression im Kinderalltag liebevoll und bestimmt zu stoppen. Doch wie? Wenn Kinder eine Regel brechen oder eine verbotene Tat begehen und wir sie mit Sätzen beschimpfen, die sie persönlich angreifen (»Du blöder Kerl. Du bist dumm. Du bist unmöglich!«), dann geben wir ihnen zu verstehen, dass wir sie als Mensch missachten und sie nicht um ihrer selbst willen lieben, so wie sie sind. Das macht Kinder mutlos und verunsichert sie in ihrem innersten Kern – was wiederum ihre Aggressivität fördert. Sie wehren sich gegen diese Ungerechtigkeit mit Wut, Trotz und Aggressivität.

Selbstverständlich müssen auch Kinder für die Konsequenz einer Tat geradestehen beziehungsweise für die Missachtung oder das Übertreten einer Regel. Es soll dabei aber um die Tat gehen und nicht um den Menschen! Kinder sollen wissen, dass wir sie lieben und achten, auch wenn sie »Blödsinn« machen. Aber jede Tat hat ihre Konsequenzen. Sinnvoll sind daher nicht Strafen, sondern eine Wiedergutmachung der falschen Tat. Das können Kinder gut nachvollziehen.

Märchen, die das Verständnis für Gewaltlosigkeit stärken

Die folgenden Märchen und Geschichten zum Thema Gewaltlosigkeit habe ich nach Motiven ausgewählt wie: Die Alltagsgeschichte »Abraxas der Rabe« zeigt, dass ein verlassenes Rabenkind nicht getötet werden muss, sondern gerettet und aufgezogen werden kann. Die Legende »Die

Steinsuppe« lehrt, dass Menschen trotz Not und Krieg das Essen teilen können und sich daraus sogar ein friedliches, gewaltfreies Beisammensein entwickeln kann. Das Motto des Dummlings im Märchen »Die Bienenkönigin« heißt: »Lasst die Tiere in Frieden, ich bin's leid, dass ihr sie zerstört!« Das Märchen fördert den Sinn für gewaltfreien Umgang mit der Umwelt, der Natur und ihren Tieren. Das moderne Märchen »Die zwei Schwestern« spricht die Problematik von geschwisterlicher Missgunst und Neid an. Das indische Märchen »Der alte Mann und das Pferd« lehrt: Urteile und verurteile nie. Und die weise Indianerlegende »Zwei Wölfe« am Schluss des Buches mahnt uns: Achte auf deine Gedanken, denn sie sind der Anfang deiner Taten.

SPRICHWÖRTER UND REDEWENDUNGEN ZUR GEWALTLOSIGKEIT

Jeder Mensch, ob jung oder alt, trägt neben der Bereitschaft zur Gewalt auch das Potenzial für Mitgefühl und Gewaltlosigkeit in sich. Ein wesentliches Ziel guter Erziehung ist Herzensbildung und das Fördern von Mitgefühl, Toleranz, Güte, Frieden und Gewaltlosigkeit. Übung macht den Meister, durch Wiederholung prägt sich Neues im Gehirn ein. Zum Nachdenken und Diskutieren:

Du sollst nicht töten!
Hab Ehrfurcht vor dem Leben.
Gewalttätigkeiten entstehen durch Streit.
Gewaltlosigkeit braucht Zeit, um aufzublühen.
Was man mit Gewalt gewinnt, kann man nur mit Gewalt behalten.
Gewalt hört da auf, wo die Liebe beginnt.
Güte vermag mehr als Gewalt.
Lieber ein Licht anzünden, als über die Finsternis klagen.
Quäle nie ein Tier zum Scherz, denn es fühlt wie du den Schmerz.

GEWALTLOSIGKEIT

Friedfertigkeit
Mitgefühl
Anteilnahme
Rücksichtnahme
Zusammenarbeit
Vergebung
Gutes Benehmen
Wertschätzung
Respekt vor Eigentum
Mitmenschlichkeit
Ehrfurcht vor dem Leben

Mitgefühl und Liebe sind wertvolle Dinge im Leben.
Sie sind nicht kompliziert. Sie sind einfach,
aber sie sind schwierig zu praktizieren.

Dalai Lama

Aus Kindermund: Woher kommt die Gewalt?

Kinder spüren genau, was zu Gewalt führen kann. Hier einige Aussagen von Kindern aus einer Münchner Grundschule:

- Meistens ist ein Streit der Auslöser. Der eine ist sauer auf den anderen und schlägt ihn, der andere schlägt zurück, und immer so weiter, bis einer petzt.
- Alle Gewalt fängt mit einer falschen Tat, einem falschen Wort an. Manche reagieren darauf fehlerhaft. Nach einem großen Fehler fängt die Gewalt an.
- Die Gewalt entsteht zum Beispiel, wenn einer Frau die Tasche geklaut wird oder wenn in der Schule eine Schlägerei beginnt.
- Die Gewalt kommt aus der Wut in mir, wenn mich meine Freunde ärgern.
- Gewalt kommt aus Hass und Einsamkeit oder aus Problemen von zu Hause.
- Gewalt entsteht, wenn Kinder oder Erwachsene sich nicht einigen können.
- Gewalt kommt von Typen wie Hitler und aus Kriegsfilmen.
- Gewalt kommt aus dem Inneren des Menschen oder aus dem Krieg.

Abraxas der Rabe

Geschichte von Susanne Stöcklin-Meier

Die Geschichte erzählt von liebevollem Umgang mit Tieren, Verantwortungsgefühl, Geduld, Aufmerksamkeit, Freundlichkeit, Gelassenheit, Humor
Wissenswertes für die Erzählerin und den Erzähler: Diese Geschichte ist ein schönes Beispiel, wie die Verantwortung für ein verlassenes Jungtier übernommen wird. Der kleine Rabe wird durch achtsame Pflege gerettet. Er wächst bei Menschen auf. Sie nehmen ihn an, so wie er ist. Er wird geliebt, trotz all seiner Unarten.

Auf einem Familienspaziergang fanden wir einmal einen faustgroßen, jungen Raben. Er lag auf dem Boden unter einem alten Baum und piepste erbärmlich. »Dürfen wir ihn mit nach Hause nehmen und großziehen?«, bettelten wir Kinder. Vater überlegte: »Wenn wir den kleinen Kerl da liegenlassen, kommt er bestimmt um. Früher, erzählen sich die Leute, sollen in unserem Dorf die Burschen Rabennester geplündert haben, um sich einen zahmen Raben aufzuziehen. Das ist heute verboten. Aber wenn die es schafften, müsste es uns auch gelingen, den Vogel durchzubringen.« Wir waren begeistert. Vater hob den zitternden Vogel auf und trug ihn heim. So ist Abraxas zu uns gekommen. Seine Federn waren damals noch ganz fein. Die Augen hatte er schon offen. Wir setzten ihn in einen großen Vogelkäfig. Alle Viertelstunden quakte er jämmerlich. Mutter musste ihm das Futter mit der Pinzette in den Schnabel stecken: in Milch einge-

weichtes Brot vermischt mit Hackfleisch. Ein paar Sekunden später kam hinten jedes Mal ein Dreckhäufchen heraus.

Etwa nach einer Woche konnte Mutter die Fütterei auf jede halbe Stunde verlegen. Später bekam er stündlich seine Nahrung. Seit dem Einzug von Abraxas war Mutter rund um die Uhr mit dem Vogel beschäftigt. Die Aufzucht war schwierig und zeitaufwändig. Doch der kleine Rabe entwickelte sich prächtig. Er fasste eine große Zuneigung zu Mutter. Er liebte ihre Stimme und begann bald einfache Wörter nachzuplappern. Zeitweise durfte er nun den Käfig verlassen. Er hopste uns nach und machte erste Flugversuche. Von unserem Dackel lernte er die Hundesprache. Er wurde groß und stark. Sein Gefieder war tiefschwarz.

Abraxas saß gerne auf dem Dachfirst. Sobald er Leute auf der Straße sichtete, bellte er munter. Wer ihn nicht kannte, erschrak natürlich, denn bellende Raben sind in unserer Gegend schon eher selten!

Abraxas entwickelte mit der Zeit viele Unarten. Er testete den Mut der Leute, indem er Unbekannten dicht über den Kopf flog. Wenn sie sich still verhielten, ließ er sie in Ruhe. Kreischten sie ängstlich, wiederholte er das Spielchen genüsslich. Unser Rabe war scharf auf glitzernde Dinge. Wir konnten nicht mehr ungestört im Garten essen. Er stibitzte mit dem Schnabel das glänzende Besteck und verscharrte es im Boden. Abraxas wusste tags darauf noch genau, wo das Versteck war. Er grub seine gestohlenen Schätze aus und wiederholte die Prozedur in einer anderen Gartenecke.

Abraxas hatte ein gutes Zeitgefühl. Er besuchte uns Kinder stündlich auf dem Pausenhof. Wenn sich die Pause etwas verzöge, klopfte er mit dem Schnabel ungeduldig ans Klassenfenster. Trotz seiner Unarten war Abraxas ein lieber Kerl. Er setzte sich oft auf unsere Schultern und rieb sein Köpfchen an unseren Wangen. Wir waren gute Freunde.

Abraxas hat zwei Jahre bei uns gelebt. Einmal kam er nachts zum Schlafen nicht ins Haus. Am nächsten Tag war er verschwunden. Wir waren alle sehr traurig und fragten uns, ob ihn ein Fuchs gefressen hatte oder ob er sich im Wald ein Weibchen suchen wollte? Wir haben es nie erfahren.

Gesprächs- und Spielanregungen

- Wer hat auch schon ein Tier gerettet? Wie, wo und warum? Warum sollte wir nur im Not- und Ausnahmefall ein wildlebendes Tier mit nach Hause nehmen und gesundpflegen?
- Was heißt »gewaltloser Umgang« mit Tieren? Auf was muss man achten? Was können Kinder dazu beitragen? Denken wir etwa an Wasser geben, Futter holen oder an das Ausmisten des Stalls usw.
- Wer hat ein Haustier? Wie wird das gepflegt, wenn es krank ist?
- Wer verwandelt sich mit einem schwarzen Tuch in einen fliegenden Raben?
- Wer malt das schönste Bild von Abraxas wie er im Garten herumspaziert, den Kindern auf der Schulter sitzt und sein Köpfchen an ihrer Wange reibt?

Die Steinsuppe

Märchen aus Frankreich

Das Märchen erzählt von Einfallsreichtum, Beherztheit, Einfühlungsvermögen, Teilen, Miteinander, Großzügigkeit
Wissenswertes für die Erzählerin und den Erzähler: »Die Steinsuppe« geht auf eine Legende zurück, die viel Witz und auch Weisheit enthält. Sie beschreibt das Zusammentreffen des hungrigen Soldaten mit der verarmten Dorfbevölkerung. Der Soldat ergaunert sich sämtliche Zutaten für seine Suppe. Er lenkt die Aufmerksamkeit der Dorfbewohner mit kochendem Wasser, in dem er einen Stein siedet, auf sich. Die Geschichte zeigt aber auch, dass Menschen in Not erfinderisch sind. Weil alle etwas beigesteuert haben, entsteht am Schluss ein Suppenschmaus mit fröhlichem Fest, Gesang und Tanz. Aus der Dreistigkeit des Soldaten und der Neugier der Dorfbewohner entwickelt sich ein friedliches, gewaltfreies Beisammensein, an das sich alle gerne erinnern!

Geteiltes Leid ist
halbes Leid.

Ein müder Soldat kam eine entlegene Straße entlang. Er war auf dem Heimweg von einer verlorenen Schlacht. Es war schon später Nachmittag und er war sehr hungrig. Vor sich sah er ein kleines Dorf und sagte zu sich selbst: »Dort werde ich etwas zu essen bekommen und einen Platz für die Nacht finden.« Plötzlich strauchelte er und fiel zu Boden. Als der Soldat sich abbürstete, sah er, dass er über einen Stein gestolpert war. Dieser war wunderschön, rund und ganz glatt. Er packte ihn in seine Manteltasche und setzte seinen Weg fort.

Als er in das Dorf kam, starrten ihn die Menschen an. Er winkte den Dorfbewohnern zu, aber niemand erwiderte seinen Gruß. Vor einem Haus stand eine Frau. »Guten Abend«, sagte der Soldat, »ich möchte fragen, ob Sie vielleicht etwas zu essen übrig haben für einen hungrigen Mann.« Die Frau schüttelte ihren Kopf und sprach: »Es tut mir leid, wir haben kaum genug Essen für unsere Familie.« Der Soldat setzte seinen Weg fort, bis er auf einen Mann traf, der an einem Zaun lehnte. »Haben Sie einen Platz an Ihrem Tisch für einen hungrigen Soldaten?«, fragte er. »Wir hatten lange Zeit keinen Regen«, antwortete der Mann, »die magere Ernte hat uns nur wenig gelassen, womit wir unsere Kinder ernähren können.« Wohin er kam, hörte er dieselbe Antwort. »Es tut uns leid, aber wir können Sie nicht einladen, mit uns zu essen. Wir haben kaum genug für uns selbst.«

Hungrig ging der Soldat zum Marktplatz und setzte sich unter einen Baum. Plötzlich hatte er eine Idee. Er griff in seine Manteltasche, holte den Stein hervor und rief: »Meine Damen und Herren, Sie haben Glück, dass ich heute in Ihr Dorf gekommen bin. Hier in meiner Hand halte ich einen ganz besonderen Stein. Wenn mir jemand einen großen Kessel bringt, werde ich etwas Wasser heiß machen und allen eine köstliche Steinsuppe zubereiten.«

Nur wenige Minuten später brachte jemand einen Kessel. Der Soldat füllte ihn mit Wasser und feuerte ihn an. Sobald das Wasser kochte, ließ er den Stein hineinfallen. Nach einer Weile probierte er die Suppe. »Köstlich!«, rief er aus. »Alles, was wir jetzt noch brauchen, ist ein wenig Salz und Pfeffer.« Eine Dorfbewohnerin rief: »Ich hole beides!« Kurz danach kostete der Soldat die

Suppe erneut. »Herrlich!«, rief er. »Jetzt brauchen wir nur noch ein paar Kartoffeln.« Eine andere Frau rief: »Ich hole die Kartoffeln!«

Bald darauf nahm der Soldat wieder einen Schluck von der Suppe. »Wunderbar!«, rief er. »Es fehlen nur noch Karotten.« Einer der Männer lief nach Hause und holte sie. Wieder probierte der Soldat die Suppe. »Köstlich!«, sagte er. »Wenn wir jetzt noch ein paar Blätter Kohl hätten.« Einer der Bauern holte das Gemüse. Dann versuchte der Soldat sie noch einmal. »Herrlich!«, rief er wieder. »Wenn wir nun noch ein kleines Stück Speck hätten, dann würde es ein wirklich schmackhafter Eintopf werden.« – »Ich habe ein Stück Speck, das ich extra aufbewahrt habe«, sagte eine Dorfbewohnerin und lief, es zu holen.

Als die Suppe endlich fertig war, war es schon fast dunkel. Die Männer brachten große Tische und Stühle, die Frauen holten Schüsseln und Löffel. Bald aßen alle von der Steinsuppe. Es war die köstlichste Suppe, die sie je gegessen hatten. Alle lachten und freuten sich und schon bald holten die Leute ihre Geigen hervor und begannen zu spielen. Alle sangen und tanzten bis in die frühen Morgenstunden.

Am nächsten Tag, als der Soldat reisefertig war, kamen die Dorfbewohner, um sich von ihm zu verabschieden. Er sagte: »Habt vielen Dank für diesen fröhlichen Abend. Aus Dankbarkeit schenke ich euch den Suppenstein. Ihr könnt ihn, wann immer ihr wollt, benutzen, um eine Steinsuppe zu kochen.« Von diesem Tag an erinnerten sich die Bewohner des kleinen Ortes, wenn sie Hunger hatten, immer des Soldaten. Dann nahmen sie den Suppenstein, um sich nochmals die köstlichste Suppe zuzubereiten, die sie je gegessen hatten.

Spielanregung

Damals wie heute ist der Stein ein Bestandteil dieses Rezeptes! Wir kochen gemeinsam mit den Kindern eine Steinsuppe. Ein Erwachsener spielt den Soldaten und die Kinder die Dorfbewohner, die Gemüse und Speck »spenden«.

Zutaten zu der Steinsuppe für 4 Personen:
1 Kinderhand-großer Kieselstein, möglichst rund, glatt und sauber gewaschen
1 Stück geräucherter Speck
4 große Kartoffeln, geschält und in kleine Würfel geschnitten
1 Zwiebel, gehackt
4 Karotten, geschält und in Scheiben geschnitten
2 Tomaten, gewürfelt
1 kleiner Wirsing oder Weißkohl, in feine Streifen geschnitten
1 Sellerieknolle, geschält und in Würfel geschnitten
1 Lauchstängel, in fingerdicke Scheiben geschnitten
1 Lorbeerblatt
100 g Bohnen, über Nacht eingelegt
1,5 Liter Wasser, Salz und etwas schwarzer Pfeffer

Zubereitung

1. Kieselstein in den Topf legen, Speck, Kartoffeln, Zwiebel, Karotten, Tomaten, Wirsing, Sellerieknolle, Lauchstängel, Bohnen dazugeben.
2. Das Gemüse mit Wasser zudecken, mit Salz, Pfeffer und Lorbeerblatt abschmecken und zum Kochen bringen. Die Hitze herunterstellen, mit einem Deckel verschließen und 1 Stunde weichkochen.
3. Vor dem Servieren Speck in kleine Stücke schneiden, auf Tellern verteilen und mit Suppe auffüllen.

Wir wünschen uns gegenseitig einen guten Appetit! Nach dem Essen singen und tanzen wir mit den Kindern.

Die Bienenkönigin

Märchen aus der Sammlung der Gebrüder Grimm

Das Märchen erzählt von Gedankenlosigkeit, Grausamkeit/Gewaltlosigkeit, Mitgefühl, Liebe zur Natur und den Tieren, sich einsetzen für Schwächere, Verantwortlichkeit, Großherzigkeit, Dankbarkeit, Hilfsbereitschaft

Wissenswertes für die Erzählerin und den Erzähler: Die drei Tiere Ameise, Ente und Biene stellen symbolisch alles dar, was auf der Erde, im Wasser und in der Luft lebt. Die zwei Königssöhne, die ausziehen, um die Welt zu erobern, sind Nichtsnutze und Tagediebe. Sie gehen in zerstörerischer Weise mit Erde, Wasser und Luft um. Den richtigen Weg, das Schloss und die Versteinerten zu erlösen, findet nur der verspottete Dummling. Er setzt sich energisch ein für das Wohl der Natur. Er kann die Aufgaben lösen, weil ihm die Tiere helfen, tausend Perlen aufzusammeln, den Schlüssel aus dem See zu holen und die richtige Prinzessin zu erraten.

Zwei Königssöhne gingen einmal auf Abenteuer und gerieten in ein wildes, wüstes Leben, sodass sie gar nicht wieder nach Haus kamen. Der jüngste, welcher der Dummling hieß, machte sich auf und suchte seine Brüder. Aber wie er sie endlich fand, verspotteten sie ihn, dass er mit seiner Einfalt sich durch die Welt schlagen wollte, und sie zwei könnten nicht durchkommen und wären doch viel klüger.

Sie zogen alle drei miteinander fort und kamen an einen Ameisenhaufen. Die zwei Ältesten wollten ihn aufwühlen und sehen, wie die kleinen Ameisen in der Angst herumkröchen und ihre Eier forttrügen, aber der Dummling sagte: »Lasst die Tiere in Frieden, ich leid's nicht, dass ihr sie zerstört!«

Da gingen sie weiter und kamen an einen See, auf dem schwammen viele, viele Enten. Die zwei Brüder wollten ein paar fangen und braten, aber der Dummling ließ es nicht zu und sprach: »Lasst die Tiere in Frieden, ich leid's nicht, dass ihr sie tötet!«

Endlich kamen sie an ein Bienennest, darin war so viel Honig, dass er am Stamm herunterlief. Die zwei wollten Feuer unter den Baum legen und die Bienen ersticken, damit sie den Honig wegnehmen könnten. Der Dummling hielt sie aber wieder ab und sprach: »Lasst die Tiere in Frieden, ich leid's nicht, dass ihr sie verbrennt!«

Endlich kamen die drei Brüder in ein Schloss, wo in den Ställen lauter steinerne Pferde standen, auch war kein Mensch zu sehen, und sie gingen durch alle Ställe, bis sie vor eine Türe ganz am Ende kamen, davor hingen drei Schlösser; es war aber mitten in der Türe ein Lädlein, dadurch konnte man in die Stube sehen.

Da sahen sie ein graues Männchen, das an einem Tisch saß. Sie riefen es an, einmal, zweimal, aber es hörte nicht. Endlich riefen sie zum dritten Mal; da stand es auf, öffnete die Schlösser und kam heraus. Es sprach aber kein Wort, sondern führte sie zu einem reichbesetzten Tisch; und als sie gegessen und getrunken hatten, brachte es einen jeglichen in sein eigenes Schlafgemach.

Am andern Morgen kam das graue Männchen zu dem Ältesten, winkte und leitete ihn zu einer steinernen Tafel, darauf standen drei Aufgaben geschrieben, wodurch das Schloss erlöst werden könnte. Die erste war: In dem Wald unter dem Moos lagen die Perlen der Königstochter, tausend an der Zahl; die mussten aufgesucht werden, und wenn vor Sonnenuntergang noch eine einzige fehlte, so ward der, welcher gesucht hatte, zu Stein. Der Älteste ging hin und suchte den ganzen Tag, als aber der Tag zu Ende

war, hatte er erst hundert gefunden; es geschah, wie auf der Tafel stand: Er ward in Stein verwandelt. Am folgenden Tage unternahm der zweite Bruder das Abenteuer; es ging ihm aber nicht viel besser als dem ältesten, er fand nicht mehr als zweihundert Perlen und ward zu Stein.

Endlich kam auch an den Dummling die Reihe, der suchte im Moos; es war aber so schwer, die Perlen zu finden, und ging so langsam. Da setzte er sich auf einen Stein und weinte. Und wie er so saß, kam der Ameisenkönig, dem er einmal das Leben erhalten hatte, mit fünftausend Ameisen, und es währte gar nicht lange, so hatten die kleinen Tiere die Perlen miteinander gefunden und auf einen Haufen getragen.

Die zweite Aufgabe aber war, den Schlüssel zu der Schlafkammer der Königstochter aus dem See zu holen. Wie der Dummling zum See kam, schwammen die Enten, die er einmal gerettet hatte, heran, tauchten unter und holten den Schlüssel aus der Tiefe.

Die dritte Aufgabe aber war die schwerste: Von den drei schlafenden Töchtern des Königs sollte die jüngste und die liebste herausgesucht werden. Sie glichen sich aber vollkommen und waren durch nichts verschieden, als dass sie, bevor sie eingeschlafen waren, verschiedene Süßigkeiten gegessen hatten, die älteste ein Stück Zucker, die zweite ein wenig Sirup, die jüngste einen Löffel Honig. Da kam die Bienenkönigin von den Bienen, die der Dummling vor dem Feuer geschützt hatte, und versuchte den Mund von allen dreien, zuletzt blieb sie auf dem Mund sitzen, der Honig gegessen hatte, und so erkannte der Königssohn die richtige Prinzessin. Da war der Zauber vorbei, alles war aus dem Schlaf erlöst, und wer von Stein war, erhielt seine menschliche Gestalt wieder.

Und der Dummling vermählte sich mit der jüngsten und liebsten Prinzessin und ward König nach ihres Vaters Tod. Seine zwei Brüder aber erhielten die beiden andern Schwestern zur Frau.

Gesprächsanregungen

- Warum helfen die Tiere dem Dummling und nicht seinen Brüdern?
- Wir überlegen mit den Kindern: Ist der Dummling wirklich dumm?
- Macht es Sinn, dass er weint?
- Findest du es gut, wie er mit Tieren umgeht? Hat er die Königskrone verdient?
- Welche Gesetze wird er in seinem Königreich wohl erlassen, damit es den Tieren besser geht?
- Können wir vom Dummling etwas lernen?
- Was heißt für uns, die Natur zu achten? Was können wir tun? Wie gehen wir achtsam um mit der Erde, dem Wasser und der Luft?
- Was ist Verschwendung?
- Was sollten wir vermeiden?

Spielanregungen

- Das Märchen »Die Bienenkönigin« regt Kinder an, sich mit Tieren wie Ameisen, Bienen und Enten zu befassen. Idealerweise sehen sich Kinder im Vorfeld einen Ameisenbau, einen Bienenstock oder einen Ententeich aus der Nähe an. Die Bildlichkeit des Märchens wird stärker auf sie wirken, wenn sie eigene Erfahrungen mit diesen Tieren verbinden.
- Wir lassen die jungen Zuhörer fleißige »Ameisen« spielen beim Aufräumen. Erstaunlich, wie schnell alles am rechten Platz verschwindet, denn Kinder lieben Rollenspiele.
- Die Kinder spielen »tauchende Ente«. Sie suchen unter einem großen, blauen Tuch versteckte Gegenstände. Wer findet den Schlüssel, die Kuh, das Auto usw.?
- Den »Bienen« bieten wir ein Riechspiel an mit verschiedenen Düften. Natürlich ist auch Honig dabei und den dürfen sie am Schluss kosten.

Die zwei Schwestern

Geschichte von Sorbas Lotz

Die Geschichte erzählt von Eitelkeit, Missgunst, Neid, Liebe, Mitgefühl, Streit/Versöhnung

Wissenswertes für die Erzählerin und den Erzähler: Der Geschichtenerzähler »Ohnekrone« kann die zwei Prinzessinnen Lisa und Lena von Hass und Neid erlösen. Das Thema spricht Kinder an, denn Streit und Missgunst unter Geschwistern ist allen bekannt. Kinder verstehen auch, dass Selbsterkenntnis und Liebe die Menschen in Schönheit erstrahlen lassen und ein Beitrag zu gelebter Gewaltlosigkeit sind. Wie das Sprichwort sagt:

Wirklich schön werden die Menschen
durch die Liebe in ihren Augen!

Vor Hunderten von Jahren, zu Zeiten der alten Könige, lebte ein Mann, über den viele Geschichten erzählt wurden. Jede dieser Geschichten war anders und voller Geheimnisse. Auch er selbst war voller Geheimnisse. Er verkleidete sich immer wieder. Mal trug er einen großen roten Mantel, ein anderes Mal trug er eine Augenklappe und ging am Stock. Niemand konnte genau sagen, woher er kam. Manche Menschen sagten, er sei ein Zauberer, andere sagten, er sei ein Prinz aus einem weit entfernten Königreich, und wieder andere sagten, er sei ein einfacher Bettler, der einfach gut Geschichten erzählen konnte. Denn das konnte unser Mann wie kein anderer. Überall, wo er hinkam, erzählte er die wundersamsten Geschichten. Manche Menschen hielten ihn für einen Zauberer, weil seine Geschichten die Menschen verändern konnten. Er hatte einmal sogar einen kranken Königssohn zum Lachen gebracht, der seit zwei Jahren schlechte Laune gehabt hatte. Als Belohnung hatte ihm der Vater des Prinzen ein Königreich angeboten. Doch unser Mann sagte: »Nein, danke – ich bleibe lieber ohne Krone!« Und von da an wurde er überall Ohnekrone genannt. Und wir wollen ihn auch so nennen.

Ungefähr zur gleichen Zeit trug sich eine andere Geschichte zu, von der ich heute erzählen möchte. Darin geht es auch um einen König, doch hatte dieser keinen Sohn, sondern zwei Töchter, Lisa und Lena. Lisa und Lena lebten in ständigem Streit miteinander, denn jede von ihnen wollte die schönste Prinzessin im ganzen Königreich sein. Ständig wurden neue Schneider an den Königshof bestellt, um die wunderbarsten Kleider für die Prinzessinnen zu fertigen. Und sobald Lisa und Lena ein neues Kleid hatten, stritten sie sich darüber, welches schöner sei. Auch die besten Maler der Zeit wurden an den Hof berufen, um die schmeichelhaftesten Portraits von Lisa und Lena zu malen – und malte ein Maler nicht schön genug, wurde er grausam bestraft.

Der König liebte Lisa genauso sehr, wie er Lena liebte. Und er erfüllte seinen Töchtern jeden Wunsch, denn nichts war ihm wichtiger als ihr Glück. Doch im Grunde seines Herzens war er sehr traurig, denn er sah, dass seine geliebten Kinder nichts als Missgunst füreinander übrig hatten. Und jeden Abend weinte der König viele Tränen in sein Kopfkissen.

Eines Tages ging Lisa, die zwei Jahre älter war als Lena, im Burggarten spazieren, um Blumen zu suchen, mit denen sie ihr Haar verschönern konnte, als sie einen roten Vogel im Gras fand. Sie hatte noch nie solch ein schönes Rot gesehen. Es war, als hätte der Vogel das Rot der Abendsonne in seinen Federn aufgefangen. Der linke Flügel des Vogels war verletzt und Lisa beschloss, für den Vogel zu sorgen, bis er wieder fliegen konnte. Sie behielt den roten Vogel, weil er schön war und sie durch ihn bestimmt viel Aufmerksamkeit erregen würde.

Der rote Vogel war wirklich etwas Besonderes. Schon bald sprach man im ganzen Königreich von ihm. Sogar der alte Lehrer des Königs, von dem man sagte, er habe schon alles gesehen und gehört, was es auf der Welt zu sehen und zu hören gibt, hatte solch einen schönen roten Vogel noch nie zuvor gesehen.

Bald sollte ein großes Fest auf der Burg stattfinden. Viele Königinnen und Könige aus den benachbarten Schlössern waren eingeladen und alle Menschen freuten sich – bis auf Lena. Lena wollte überhaupt nicht zu dem Ball gehen. Sie stand auf einem Balkon an einem Turm und sah von oben auf das Fest. An diesem Abend hasste sie Lisa mehr als je zuvor.

Lisa war der Mittelpunkt des Festes. Sie hatte sich ein Kleid machen lassen in dem gleichen Rot wie das Gefieder des Vogels. Und für den Vogel hatte sie einen goldenen Käfig bauen lassen, der während des ganzen Festes hinter ihr hergetragen wurde, sodass sie jederzeit allen den Vogel zeigen konnte. Alle Gäste sprachen über die Schönheit des Vogels und über die Schönheit von Lisa. Und weil Lena nirgendwo auf dem Ball zu sehen war, sprach niemand über ihre Schönheit. Lena stand oben auf ihrem Balkon und blickte voller Neid auf ihre große Schwester. Heute Abend wollte sie so schön sein wie Lisa und noch schöner, sie wollte auch so tanzen wie sie und vor allem wollte sie auch so einen schönen Vogel haben und so ein schönes rotes Kleid wie Lisa es trug. Und plötzlich konnte sie hören, was all die Menschen auf dem Fest sagten: wie schön Lisa sei, dass Lisa das schönste Mädchen überhaupt und die schönste Prinzessin im ganzen Königreich sei ...

Das konnte Lena nicht mehr aushalten. Sie wollte die Allerschönste sein. Sie stürmte die Treppe hinunter und rief: »Lisa, ich hasse dich, ich hasse dich ...« Lena stürzte sich in die Menschenmenge und rannte direkt auf Lisa zu. Sie packte die langen Zöpfe ihre Schwester, zog wild daran und rief immer wieder: »Ich hasse dich, ich hasse dich, ich hasse dich ...« Das alles geschah vor den Augen sämtlicher Gäste und den Augen des Königs. Der König liebte seine Kinder über alles. Ihren Hass aufeinander zu sehen brach ihm das Herz. Er weinte wie ein kleines Kind und flehte seine Töchter verzweifelt an, ihren Krieg zu beenden.

Zu dem Fest waren auch Musiker aus aller Welt geladen. Unter ihnen befand sich ein Wandermusiker, der den Gästen schon den ganzen Abend aufgefallen war. Denn dieser Wandermusiker spielte die schönsten Lieder auf seiner Harfe und konnte nebenbei auch noch die abenteuerlichsten Geschichten erzählen.

Der Wandermusiker sah, wie der König weinte, und er empfand großes Mitgefühl mit ihm. Er nahm seine Harfe und schlug einen Ton an, so laut und schrill, dass sich alle Gäste die Ohren zuhielten. Und auch Lisa und Lena waren so erschrocken, dass sie kurz aufhörten, sich zu streiten. Schnell wie eine Katze sprang der Wandermusiker auf die beiden zu, nahm sie bei der Hand und führte sie in den Garten. Dort, in dem alten Garten der Burg, gab es einen großen Baum, unter dem ein verwitterter Brunnen stand. Der Wandermusiker führte die beiden Schwestern zum Rand des Brunnens und holte drei weiße Borsten aus seiner Gürteltasche hervor. »Ich habe hier drei Haare aus dem Fell eines Drachens, nicht die irgendeines Drachens, sondern eines Drachens der Weisheit. Schaut nur zu ...«

Der Wandermusiker rieb an den drei Borsten und warf sie in das Wasser des Brunnens. Anfangs geschah gar nichts, doch dann konnten Lena und Lisa ihre eigenen Gesichter im Wasser sehen. Aber das war nicht alles. Sie sahen ihre Gesichter so, wie sie wirklich waren. Lisa und Lena erschraken bei dem Anblick von so viel

Hass in ihren Augen. »Ich habe nicht gewusst, dass ich so voller Hass und Neid bin«, flüsterte Lena. Und durch ihre Augen sahen die beiden Schwestern, wie hart ihre Herzen geworden waren. »Ich wusste nicht, dass ich so wenig Liebe in meinem Herzen habe«, flüsterte Lisa.

Nach einer Weile veränderte sich das Wasser wieder und Lisa und Lena konnten etwas anderes sehen: Sie sahen nämlich, wie schön sie wirklich waren. Aber es war nicht so, dass die Schwestern ihre eigene Schönheit sahen. Lisa sah zum ersten Mal, wie schön Lena war – und Lena, wie schön Lisa war. »Wie schön du bist«, sagten sie zueinander und mussten beide lachen. Ihre Herzen waren weich und groß geworden und ihre Augen strahlten voller Liebe. »Ihr seht«, sagte der Fremde, »wirklich schön werden die Menschen durch die Liebe in ihren Augen!«

Gleich am nächsten Morgen öffneten Lisa und Lena den goldenen Käfig und ließen den roten Vogel davonfliegen. Seine Wunde war über Nacht geheilt. Er war jetzt so frei wie die Herzen von Lena und Lisa. Die beiden Schwestern liefen zu dem Wandermusiker, um sich zu bedanken. Sie fragten nach seinem Namen. Der Wandermusiker nahm seinen Hut und sagte mit einem Lachen: »Ich habe viele Namen – ihr dürft mich Ohnekrone nennen.«

Gesprächs- und Spielanregungen

- Wart ihr auch schon einmal auf eure Geschwister oder einen Freund oder eine Freundin eifersüchtig? Warum? Und was ist dann passiert? Wie fühlt es sich an, neidisch oder eifersüchtig auf jemanden zu sein? Kannst du das Gefühl mit deinem Körper darstellen?
- Wer malt ein Bilderbuch von »Die zwei Schwestern«? (Ein Bild mit »Ohnekrone« beim Geschichtenerzählen. Die Schwestern beim Streiten um den roten Vogel. Lisa und Lena und ihre bösen Gesichter im Brunnen. Die erlösten Schwestern lassen ihren geheilten Vogel gemeinsam frei.)

Niemand ist vollkommen

Schülergeschichte von Ellie Logan,
9 Jahre

Die Geschichte erzählt von Urteilen nach Äußerlichkeiten/Selbstwertgefühl, Ausgrenzung/Dazugehören, Gemeinheit/Freundlichkeit, Großzügigkeit, Freude am Geben, Solidarität

Wissenswertes für die Erzählerin und den Erzähler: Abgelehnt oder zurückgewiesen zu werden verletzt Kinder sehr. Besonders im Schulalter empfinden es Mädchen und Jungen als wichtig, dazuzugehören, daher kommt auch das große Interesse an den »richtigen« Turnschuhen und der »richtigen« Jeans. Über solche Äußerlichkeiten definiert sich oft, wer »in« und wer »out« ist. Den Druck, der dadurch entstehen kann, sollten Erwachsene nicht unterschätzen. Unterstützen wir Kinder in ihrem Selbstwertgefühl, ihrer Selbstachtung und lehren wir sie Solidarität mit Menschen in Randsituationen. Das ist die beste Prävention vor Mobbing und Gewalt.

Nur eine solidarische Welt
kann eine gerechte und
friedvolle Welt
sein.

Richard von Weizsäcker

Einmal war ein Mädchen in meiner Klasse, von dem ich dachte, es sei schön und elegant. Ich glaubte, sie sei vollkommen. Als mein Geburtstag näher rückte, lud ich sie zu meiner Feier ein, und sie kam.

Einige Monate später hatte sie Geburtstag. Ich kaufte eine besonders schöne Halskette für sie. Wenn ich daran dachte, wie sie sich freuen würde, wenn ich sie ihr gab, wurde ich ganz aufgeregt.

Ich fragte sie, wann ihre Geburtstagsparty stattfinden würde. Sie antwortete: »Warum willst du das wissen? Du bist nicht eingeladen. Du bist nur ein Trampel mit Brille!« Ich war wirklich sehr verletzt, als sie das sagte. Ich stand einfach da und schaute sie an. Alle, die um sie herumstanden, stellten sich in meine Nähe. Dann gingen wir alle.

An jenem Tag fand ich heraus, dass jemand sehr wohl unvollkommen sein kann, auch wenn er perfekt aussieht. Wenn es um Vollkommenheit geht, ist es ausschlaggebend, wie dich jemand behandelt, und nicht, wie er aussieht.

Gesprächsanregungen

- Wer hat eine ungerechte Ablehnung auch schon erlebt? Wo und warum? Wie hast du dich dabei gefühlt?
- Warum gibt es Menschen, die so etwas tun? Wie sollte man damit umgehen und wie lässt sich dies vermeiden?

Der alte Mann und das Pferd

Märchen aus Indien

Das Märchen erzählt von Vorurteilen, vorschnellen Schlüssen/Gelassenheit, Kurzsichtigkeit/Weitblick, Toleranz, Glück im Unglück

Wissenswertes für die Erzählerin und den Erzähler: Menschen haben meist schnell ein Urteil zur Hand. Aber Vorurteile und Verurteilung stehen sehr nahe beieinander. Beides fördert das friedliche Zusammenleben nicht. Diese alte Weisheitsgeschichte zeigt auf, dass wir immer nur einen Teil des Ganzen kennen und es besser ist, keine voreiligen Schlüsse zu ziehen. Viele Streitigkeiten entstehen, weil wir nur eine Seite sehen. Ein bedenkenswertes Sprichwort sagt:

Nicht zu bekommen,
was man will,
ist manchmal ein großer Glücksfall.

Ein alter Mann lebte in einem Dorf. Er war sehr arm, doch er besaß das wunderschönste Pferd im ganzen Lande, um das ihn sogar der König beneidete. Er bot ihm eine phantastische Summe Geld für das Pferd, aber der alte Mann verkaufte es nicht. Eines Morgens war sein Pferd nicht mehr im Stall. Das ganze Dorf versammelte sich, und die Leute sagten:

»Du dummer alter Mann. Wir haben immer gewusst, dass das Pferd eines Tages gestohlen wird. Es wäre besser gewesen, du hättest es verkauft. Welch ein Unglück!« Der alte Mann aber sagte: »Warum urteilt ihr? Sagt einfach: Das Pferd ist nicht im Stall. So viel ist Tatsache, alles andere ist Urteil. Ob es ein Unglück ist oder ein Segen weiß ich nicht, weil ich nicht weiß, was daraus folgen wird.« Die Leute lachten den Alten aus. Sie hatten schon immer gewusst, dass er ein bisschen verrückt war.

Aber nach zwei Wochen kehrte das Pferd zurück. Es war nicht gestohlen worden, sondern in die Wildnis ausgebrochen. Und nicht nur das, es brachte auch zwölf wilde Pferde mit. Wieder versammelten sich die Leute und sagten: »Alter Mann, du hattest Recht, es hat sich tatsächlich als Segen erwiesen.« Der Alte entgegnete: »Warum urteilt ihr? Sagt einfach, das Pferd ist zurück!«

Der alte Mann hatte einen einzigen Sohn und der begann, die zwölf wilden Pferde einzureiten. Schon eine Woche später fiel er vom Pferd und brach sich beide Beine. Wieder versammelten sich die Leute und urteilten: »Alter Mann, du hattest Recht. Es war ein Unglück. Dein einziger Sohn kann nun seine Beine nicht mehr gebrauchen. Er war die Stütze deines Alters. Jetzt bist du ärmer als je zuvor.« Der Alte antwortete: »Warum urteilt ihr? Sagt nur, dass mein Sohn sich die Beine gebrochen hat. Niemand weiß, ob dies ein Unglück oder ein Segen ist, ihr bekommt das Leben nur in Bruchstücken zu sehen und nie als Ganzes.« Die Leute aus dem Dorf schüttelten nur den Kopf.

Nach ein paar Wochen begann in diesem Land ein Krieg. Alle jungen Männer wurden zwangsweise zum Militär eingezogen. Nur der Sohn des alten Mannes blieb zurück, weil er mit den gebrochenen Beinen nicht gehen konnte. Wehgeschrei erfüllte das Land, denn der Krieg war nicht zu gewinnen. Viele junge Männer kehrten nicht mehr nach Hause zurück. Die Menschen aus dem

Dorf kamen zu dem alten Mann und sagten: »Du hattest Recht, alter Mann. Es hat sich als Segen erwiesen. Dein Sohn ist zwar verkrüppelt, aber immerhin ist er noch bei dir.« Der alte Mann antwortete wieder: »Ihr hört nicht auf zu urteilen. Niemand weiß, was kommt. Alles, was wir wissen, ist, dass eure Söhne in den Krieg ziehen mussten und dass mein Sohn hier ist. Ob das ein Unglück ist oder ein Segen, das wissen wir noch nicht. Urteilt nicht, das lässt die Sinne erstarren. Das Einzige, was wir wissen, ist, dass die Wege des Lebens unendlich sind. Ein Weg kommt an sein Ende, ein anderer Weg hat gerade erst angefangen. Eine Tür schließt sich, eine andere tut sich auf. Das Leben ist eine Reise. Was hinter einer Wegbiegung wartet, wissen nur diejenigen, die weitergehen.«

Gesprächsanregungen

- Warum lösen Kritik und Urteile oft verbale Gewalt oder handgreiflichen Streit aus? Wann, wie und wo verurteile ich andere Menschen?
- Wurdest du auch schon verurteilt? Von wem und warum?
- Wer hat schon selbst die Erfahrung gemacht, dass sich etwas Gutes im Nachhinein als schlecht erwiesen hat oder dass etwas Schlechtes sich später als etwas Gutes herausstellte?

Spielanregungen

- Wir erzählen die Geschichte nur bis zu der Stelle, an der das Pferd aus dem Stall verschwunden ist. Wir lassen die Kinder die Geschichte frei weitererzählen. Wo sie wohl enden wird?
- Wer malt das wunderschönste Pferd?

Knaben und Frösche

Fabel von Aesop

Die Fabel erzählt von Gedankenlosigkeit/achtsamem Umgang mit Tieren, Grausamkeit/Einfühlungsvermögen, Mitgefühl
Wissenswertes für die Erzählerin und den Erzähler: Gelebte Gewaltlosigkeit heißt auch achtsamer Umgang mit Tieren. In dieser Fabel quälen Knaben mutwillig Frösche. Aesop, der griechische Fabelerzähler, lässt einen alten Frosch sprechen, der die Knaben bittet, die Tierquälerei zu beenden.

Quäle nie ein Tier zum Scherz,
denn es fühlt wie du
den Schmerz.

Einige mutwillige Knaben machten sich eines Tages die größte Freude daraus, an einem Teiche jeden Frosch, sowie er hervortauchte, mit Steinen zu bewerfen. Je mehr Frösche sie verwundeten, je größer und lauter wurde das Geschrei, bis endlich ein alter Frosch auftauchte und ihnen zurief: »Kinder, bedenkt doch, was ihr tut, dass ihr uns arme Tiere, die euch nichts Böses taten, quält und schuldlos tötet.« Dies machte die Knaben aufmerksam, sie dachten darüber nach und gingen still nach Hause.

Gesprächs- und Spielanregungen

- Hast du auch schon ein Tier gequält, ohne darüber nachzudenken, oder bist du ein Tierfreund, der nicht einmal einer Fliege etwas zuleide tun kann?
- Was wäre die Welt ohne Tiere? Könnten wir überhaupt leben ohne Kühe, Vögel, Bienen, Pferde und Regenwürmer?
- Hast du ein Lieblingstier und wie pflegst du es? Kannst du mit ihm spielen und sprechen? Versteht es dich?
- Wir schauen in einem Tierbuch Bilder an von Fröschen, die bei uns leben. Hast du gewusst, dass Frösche nützlich sind? Sie fressen zum Beispiel Mücken und schützen so die Menschen vor einer Mückenplage.
- Wo lassen sich Froschlaich, Kaulquappen und Frösche beobachten?
- Hast du gewusst, dass der Wasser- oder Teichfrosch zehn Zentimeter lange Hinterbeine hat, seine Schallblasen zum Quaken braucht und die Schwimmhäute der Hinterfüße ihm bis an die Zehenspitzen reichen?
- Arthur Schoppenhauer, der deutsche Philosoph, sagt: »Wer gegen Tiere grausam ist, kann kein guter Mensch sein.« Findest du das auch? Was heißt für dich, ein guter Mensch zu sein?

Den ersten Stein werfen

Biblische Geschichte aus dem Neuen Testament, erzählt von Vreni Merz

Die Geschichte erzählt von Verurteilung/Toleranz, Weisheit, Einsicht, Gewaltlosigkeit

Wissenswertes für die Erzählerin und den Erzähler: Alle Menschen machen Fehler. Das gibt uns aber nicht das Recht, den anderen zu richten und ihm Gewalt anzutun. Jesus sagt: »Wer von euch noch nie etwas falsch gemacht hat, der werfe den ersten Stein!« Und weil sich jeder betroffen fühlte, gingen alle still weg.

Eines Tages brachten gelehrte Männer eine Frau zu Jesus. »Sieh mal an, diese da! Sie hat Böses getan. Wir haben es gesehen. Wir haben sie auf frischer Tat ertappt!« Sie stellten die Frau in die Mitte und riefen: »Wir kennen das Gesetz. Wer Böses tut wie sie, den muss man töten. Mit Steinen muss man auf sie werfen, bis sie tot ist. So steht es im Gesetz, und dem muss man gehorchen. Was sagst du jetzt?«

Die Gelehrten wollten Jesus auf die Probe stellen. Denn sie suchten schon lange einen Grund, um ihn zu verklagen. Jesus bückte sich und schrieb mit dem Finger auf die Erde. Die gelehrten Männer ließen nicht locker. Sie kannten das Gesetz genau. Wer sich nicht daran hielt, den konnte man verurteilen. Das ist gerecht, dachten sie. Davon waren sie überzeugt. Also fragten sie nochmals: »Was sagst du dazu?« Jesus richtete sich auf und schaute die Männer an. Dann sagte er: »Wer von euch noch nie etwas falsch gemacht hat, der werfe den ersten Stein!« Und wieder bückte er sich und schrieb mit dem Finger auf die Erde.

Als die Männer seine Antwort hörten, waren sie ganz verblüfft. Jetzt ging einer nach dem andern davon. Zuletzt stand nur noch die Frau da – ganz allein. Jesus stand auf und blickte sich um. »Wo sind die Männer?«, fragte er. »Hat dich keiner verurteilt?« – »Nein«, sagte sie, »kein Einziger.« Jesus sprach: »Ich verurteile dich auch nicht. Geh hin, und mach das Böse nicht mehr.«

Gesprächsanregungen

- Freuen Sie sich gemeinsam über den Ausgang der Geschichte. Lassen Sie die Kinder fantasieren, wie sich die Frau jetzt fühlt, was sie von Jesus hält, was sie ihm vielleicht sagt ...
- Vielleicht können wir in nächster Zeit gemeinsam darauf achten, andere nicht für Dinge zu verurteilen, die wir selbst auch schon getan haben. Wir könnten uns gegenseitig daran erinnern mit den Worten: »Willst du den ersten Stein werfen?«

Zwei Wölfe

Indianische Legende, Verfasser unbekannt

Die Geschichte erzählt von Selbsterkenntnis, Einsicht, Weisheit, Eigenverantwortung, Ursache und Wirkung
Wissenswertes für die Erzählerin und den Erzähler: Es liegt viel Weisheit in dieser kurzen Geschichte. Für Kinder wohnt die innere Stimme, unser Gewissen, im Herzen. Da entstehen Gedanken der Liebe, der Sorgfalt und der Gewaltlosigkeit. Wird das Herz zur Mördergrube, leben Aggression und Gewalt darin. Der alte Indianer nimmt Gut und Böse als zwei Wölfe wahr, die in seinem Herzen um die Vorherrschaft kämpfen. Es liegt viel Lebenserfahrung in dieser Mahnung, die von Buddha stammen soll:

Achte auf deine Gedanken!
Sie sind der Anfang
deiner Taten.

Ein alter Indianer saß mit seinem Enkelsohn am Lagerfeuer. Es war schon dunkel geworden und das Feuer knackte, während die Flammen in den Himmel züngelten.

Der alte Großvater sagte nach einer Weile des Schweigens zum Enkelsohn: »Weißt du, wie ich mich manchmal fühle? Es ist, als ob da zwei Wölfe in meinem Herzen miteinander kämpfen würden. Einer der beiden ist rachsüchtig, aggressiv und grausam. Der andere hingegen ist liebevoll, sanft und mitfühlend.«

Da fragte der Junge seinen Großvater ganz aufgeregt: »Welcher der beiden wird den Kampf um dein Herz gewinnen?«

Der alte Indianer antwortete ihm ruhig: »Der Wolf, den ich füttere.«

Gesprächsanregungen

- Was ist »Nahrung« für den guten Wolf in meinem Herzen? Wir könnten z.B. denken an: Geschichten erzählen, Lieder singen, tanzen, den Sternenhimmel betrachten, den Vögeln zuzuhören, dem Regen lauschen, mit Freunden gemeinsam essen, alte und kranke Menschen besuchen, auf die innere Stimme horchen, die Familie und Freunde genießen, Liebe schenken. Und was noch?
- Was ist »Nahrung« für den bösen Wolf in meinem Herzen? Wir denken etwa an: streiten und sich nicht wieder versöhnen, schlagen, schlecht über andere reden, andere auslachen, stehlen, lügen, Pflanzen verdorren lassen, Tiere quälen, Wasser und Nahrungsmittel vergeuden. Und was noch?
- Wie fühlt es sich an, wenn die Stimme des Herzens spricht? Was sagt sie?
- Martin Luther hat sich die Gedanken als »gute« und »böse« Vögel vorgestellt, die auf seinem Kopf nisten wollten. Was fällt dir zu seinem Zitat ein?

Ich kann nicht verhindern,
dass die bösen Gedanken wie Vögel
über meinen Kopf fliegen,
aber ich darf ihnen nicht erlauben,
dort Nester zu bauen!

Quellenangaben

Trotz gewissenhafter Recherchen ist es leider nicht in allen Fällen gelungen, Autor oder Rechteinhaber ausfindig zu machen. Wir bitten gegebenenfalls um Nachricht, damit bei einer Nachauflage eine korrekte Quellenangabe erfolgen kann.

Des Kaisers neue Kleider: Aus Hans Christian Andersen: *Märchen*. Reclam, Stuttgart 2004, leicht gekürzt
Der Schafhirte, der »Wolf!« rief: Fabel von Aesop, nacherzählt von S. Stöcklin-Meier
Das Hirtenbüblein: Überliefertes Märchen der Gebrüder Grimm
Ein tolles Erlebnis: © Julia Leupin, 12 Jahre, Schülergeschichte des Kinder-Lesewettbewerbs der Buchhandlung Buchinsel, Abdruck mit frdl. Genehmigung
Drei Affen und ein Krug: Überliefertes Märchen aus Tibet
König Akbar und die längere Schnur: Verfasser unbekannt
Die Fußspur Gottes: Verfasser unbekannt
Jona und der Wal: Biblische Geschichte nach Jona 1–4,11, nacherzählt von Susanne Stöcklin-Meier
Besuch im Zoo: Susanne Stöcklin-Meier
Alles glaubt der König doch nicht: Überliefertes Märchen aus Österreich
Der Tausendfüßler: Verfasser unbekannt
Die Familie und der Esel: Überlieferte Fabel, Verfasser unbekannt
Vom Fischer und seiner Frau: Überliefertes Märchen der Gebrüder Grimm
Mit Gott zu Mittag gegessen: Verfasser unbekannt
Geräusch der Grille – Geräusch des Geldes: © Frederik Hetmann/Elinor Kirsch, Limburg, Abdruck mit frdl. Genehmigung
Der barmherzige Samariter: Aus Vreni Merz: *Die Bibel an der Bettkante.* © 2007 Kösel-Verlag, München. Auch einige der Spiel- und Gesprächsanregungen zu dieser Geschichte sind diesem Buch entnommen.
Das Zauberfass: Überliefertes Märchen aus China
Der Holzvogel: © Sorbas Lotz, Bremen, Abdruck mit frdl. Genehmigung
Die Gans und das goldene Ei: Fabel von Aesop, nacherzählt von Stöcklin-Meier
Frau Holle: Überliefertes Märchen der Gebrüder Grimm
Zwei Freunde und ein Bär: Fabel von Aesop, nacherzählt von Susanne Stöcklin-Meier
Das Geschenk: Aus Jack Canfield, Mark Victor Hansen: *Hühnersuppe für die Seele.* © 1996 Arkana Verlag, München, Übersetzung Christiane Radünz, Abdruck mit frdl. Genehmigung
Das Märchen von den zwölf Monaten: Überliefertes Märchen aus Griechenland
Zottelhaube: Überliefertes Märchen aus Norwegen
Der kleine Baumwollfaden: Verfasser unbekannt
Die Suche nach dem Kamel: Aus China, Verfasser unbekannt

Der Mondhase und die Wünsche des Bauern: Überliefertes Märchen aus China
Der Sandkasten: Aus Jack Canfield, Mark Victor Hansen: *Hühnersuppe für die Seele für Kinder.* © 2001 Arkana Verlag, München, Übersetzung Gabriele Räbiger, Abdruck mit frdl. Genehmigung
Die kranke Häsin: © Peter Spangenberg, Achtrup, Abdruck mit frdl. Genehmigung
Der verlorene Sohn: Aus Vreni Merz: *Die Bibel an der Bettkante* © 2007 Kösel-Verlag, München. Auch einige der Spiel- und Gesprächsanregungen zu dieser Geschichte sind diesem Buch entnommen.
Der gute Kartoffelkönig: Überliefertes Märchen aus Deutschland
Über die Liebe: Aus Jack Canfield, Mark Victor Hansen: *Hühnersuppe für die Seele für Kinder.* © 2001 Arkana Verlag, München, Übersetzung Gabriele Räbiger, Abdruck mit frdl. Genehmigung
Alles kann man nicht kaufen: Verfasser unbekannt
Das verschwundene Christkind: Susanne Stöcklin-Meier
Die Sterntaler: Überliefertes Märchen der Gebrüder Grimm
Die drei Söhne: Nach Leo N. Tolstoi
Dein Name in Gold: Aus Jack Canfield, Mark Victor Hansen: *Hühnersuppe für die Seele für Kinder.* © 2001 Arkana Verlag, München, Übersetzung Gabriele Räbiger, Abdruck mit frdl. Genehmigung
Fundevogel: Überliefertes Märchen der Gebrüder Grimm
Die Apfelsine des Waisenknaben: Nach Charles Dickens
Die goldene Schachtel: Gekürzte Fassung der Geschichte »Eine Rolle Goldpapier« aus Paul Powers: *Spurwechsel.* © Brunnen Verlag, Gießen, Abdruck mit frdl. Genehmigung
Ihr werdet ein Kind finden!: Aus Vreni Merz: *Die Bibel an der Bettkante.* © 2007 Kösel-Verlag, München. Auch einige der Spiel- und Gesprächsanregungen zu dieser Geschichte sind diesem Buch entnommen.
Ein Engel unterm Dach: © Robin Rickenbacher, 12 Jahre, Schülergeschichte des Kinder-Lesewettbewerbs der Buchhandlung Buchinsel, Abdruck mit frdl. Genehmigung
Die sieben Raben: Überliefertes Märchen der Gebrüder Grimm
Abraxas der Rabe: Susanne Stöcklin-Meier
Die Steinsuppe: Überliefertes Märchen aus Frankreich
Die Bienenkönigin: Überliefertes Märchen der Gebrüder Grimm
Die zwei Schwestern: © Sorbas Lotz, Bremen, Abdruck mit frdl. Genehmigung
Niemand ist vollkommen: Aus Jack Canfield, Mark Victor Hansen: *Hühnersuppe für die Seele für Kinder.* © 2001 Arkana Verlag, München, Übersetzung Gabriele Räbiger, Abdruck mit frdl. Genehmigung
Der alte Mann und das Pferd: Überliefertes Märchen aus Indien
Knaben und Frösche: Fabel von Aesop
Den ersten Stein werfen: Aus Vreni Merz: *Die Bibel an der Bettkante.* © 2007 Kösel-Verlag, München. Auch die Gesprächsanregung zu dieser Geschichte ist diesem Buch entnommen.
Zwei Wölfe: Verfasser unbekannt

Alphabetisches Verzeichnis der Märchen und Geschichten

Herkunftsländer der Märchen und Geschichten

Aus China
Das Zauberfass
Der Mondhase und die Wünsche des Bauern

Aus Deutschland
Das Hirtenbüblein
Der gute Kartoffelkönig
Der Holzvogel
Der kleine Baumwollfaden
Der Tausendfüßler
Die Bienenkönigin
Die kranke Häsin
Die sieben Raben
Die Sterntaler
Die zwei Schwestern
Frau Holle
Fundevogel
Geräusch der Grille – Geräusch des Geldes
Vom Fischer und seiner Frau

Aus Dänemark
Des Kaisers neue Kleider

Aus England
Die Apfelsine des Waisenknaben
Die goldene Schachtel
Mit Gott zu Mittag gegessen

Aus Frankreich
Die Steinsuppe

Aus Griechenland
Das Märchen von den zwölf Monaten
Der Schafhirt, der »Wolf!« rief
Die Gans und das goldene Ei
Knaben und Frösche
Zwei Freunde und ein Bär

Aus Indien
Der alte Mann und das Pferd
König Akbar und die längere Schnur

Aus Norwegen
Zottelhaube

Aus dem Orient
Die Familie und der Esel
Die Fußspur Gottes
Die Suche nach dem Kamel

Aus Österreich
Alles glaubt der König doch nicht

Aus Russland
Die drei Söhne

Aus der Schweiz
Abraxas der Rabe
Besuch im Zoo
Das verschwundene Christkind

Aus Tibet
Drei Affen und ein Krug

Aus den USA
Das Geschenk
Dein Name in Gold
Zwei Wölfe

Biblische Geschichten
Den ersten Stein werfen
Der barmherzige Samariter
Der verlorene Sohn
Ihr werdet ein Kind finden!
Jona und der Wal

Von Kindern selbst verfasste Geschichten
Der Sandkasten
Ein Engel unterm Dach
Ein tolles Erlebnis mit Schnabeltieren
Niemand ist vollkommen

Bücher und Tonträger von Susanne Stöcklin-Meier

Was im Leben wirklich zählt
Mit Kindern Werte entdecken
220 Seiten. Gebunden mit Schutzumschlag
ISBN 978-3-466-30638-1

Sprechen und Spielen
Kreative Sprachförderung für Kindergarten- und Grundschulkinder
120 Seiten. Gebunden mit zahlreichen farbigen Illustrationen
ISBN 978-3-466-30789-0

Falten und Spielen
Intelligent durch geschickte Finger
120 Seiten. Gebunden mit zahlreichen farbigen Illustrationen
ISBN 978-3-466-30750-0

Kinder brauchen Geheimnisse
Über Engel, Zwerge und andere unsichtbare Freunde
160 Seiten. Gebunden mit zahlreichen farbigen Illustrationen
ISBN 978-3-466-30421-9

Dazu die gleichnamige CD
ISBN 978-3-466-45590-1

Unsere Welt ist bunt!
Mit Geschichten, Versen und Spielen die Farben entdecken
160 Seiten. Gebunden mit zahlreichen farbigen Illustrationen
ISBN 978-3-466-30568-3

Dazu die gleichnamige CD
ISBN 978-3-466-45748-9

Eins, zwei, drei, ritsche ratsche rei
Kinderspielverse zum Lachen, Hüpfen und Tanzen
72 Seiten. Gebunden mit zahlreichen farbigen Illustrationen
ISBN 978-3-466-30489-9

Dazu die gleichnamige CD
ISBN 978-3-466-45711-3

Die Autorin

Susanne Stöcklin-Meier ist eine der bekanntesten deutschsprachigen Pädagoginnen und begehrte Fachfrau auf Fortbildungen und Elternabenden. Seit ihrem Bestseller *Was im Leben wirklich zählt,* der mittlerweile mehr als zehn Auflage erreicht hat, kennt man sie als Expertin zur ganzheitlichen Wertevermittlung. Ein besonderes Anliegen ist es der früheren Kindergärtnerin, traditionelle Spielformen, Verse und Märchen weiterzugeben. Susanne Stöcklin-Meier ist seit vielen Jahren mit großem Erfolg als Autorin tätig. Ihre Bücher sind in vielen europäischen Ländern erschienen und haben sich mit über einer Million verkaufter Exemplare längst zu Standardwerken entwickelt. Sie lebt mit ihrem Mann in Diegten bei Basel und ist Mutter von zwei erwachsenen Töchtern.

www.stoecklin-meier.ch

Die Illustratorin

Anita Kreituse kommt aus Lettland und lebt mit ihrem Mann in Hamburg. Ihre Werke waren in etlichen Ausstellungen zeitgenössischer Kunst vertreten und befinden sich in Privatauktionen in der ganzen Welt. Sie hat viele Bücher illustriert, u.a. die lettische Ausgabe von *Tausendundeiner Nacht*. Als Bühnenbildnerin und Kostümkünstlerin hat sie zum Erfolg einiger Theaterstücke und als Artdirektorin zum Gelingen von Zeichentrickfilmen beigetragen.

www.kreituse.com